영도다리

송다인 시집

갯바람 항구의 고향 바다
만남과 이별의 손수건 사이로
내 볼과 목을 애무하던 청춘
야생의 갈매기 떼 꺼윽꺼윽
그 눈부신 낭만들 속으로
여수 여객선 넘나드는구나.

청 옥

시인의 말

열심히 살면서 열심히 시를 써 왔다.
나도 모르는 사이에 열다섯 권의 시집을 상재한
나 자신에 힘찬 격려의 박수를 보내고 싶다.
건강하게 성실히 살고 있으니 건필이 되나보다.
가까이 살면서 11년 동안 돌보고 있는
초등학교 손주 셋에게 언제나 글을 쓰고 있는
할머니의 모습은 저절로 산교육이 되고 있다.
내 꿈은 화가예요! 내 꿈은 오페라가수예요! 내 꿈은 과학자예요!
올망졸망 막내까지 초등학생이 된 손주들의 꿈 자랑은
내가 희망차게 아가야하는 이유이기에
어찌 그 무엇이든 소홀히 할 수가 있겠는가
아이시절, 부산여중, 부산여고, 동아대학교시절까지
전차를 타고 다녔던 그 영도다리는 내 고향 바다의 향수이다.
바닷가에 마실 나와 왔다가 갔다가 수없이 거닐었던 영도다리 위
영도다리아래 방파제 끄트머리에서 여수 여객선을 향해
마구 흔들면서 휘날렸던 이별의 손수건들
그 낭만의 눈부심은 늘 내 가슴에 살아있다.
벌벌 떨면서도 내 어머니 치마폭에 숨어서도 내내 훔쳐보았던
검푸르고 짙은 파도소리는 내게 무한한 담력을 키웠었다.
어린 시절 즐거운 놀이터였던 영도다리난간 위에서의 자화상
삐거덕거리면서도 우렁차게 치켜 올라갔던 그 용감무쌍한 영도다리가
거의 50여 년 만에 복구되었으니 정오만 되면 어김없이 달려 가보고 싶다.
살아가면서 힘들 때마다 나는 돌아와 우뚝 영도다리 위에 선다.
아마도 삶이 다하는 그 순간까지 영도다리는
끊임없이 밀려와서는 죄다 쓸려가면서
무수한 영상을 잉태하는 내 창작의 밀실이 될 것만 같다.
이제 한글을 깨우치면서 또랑또랑 낭독할 수 있는
큰 손자 장재원 손녀 장지혜 막내손자 장재현에게
오동나무 선착장에 앉아 할미의 환상여행
이 한권의 시집 '영도다리'를 바친다.

2015년 신춘
시인 송다인

● 차 례

제 2 부 ▌ 사랑으로 남아

제 3 부 ▌내 마음 그대 속에

제 4 부 ▮ 아직도 잊지못해

제 1 부

흐르는 사랑

이뿌지오 스파

일탈이다
내 몸에게 선물하는
행복한 시간이다
아로마 향기 속에
오일이 미끄러진다
살갗이 로라 신고
근육의 파도를 탄다
핏줄도 역행하듯
굳어진 뼈마디는
소리를 지르는데
온몸이 춤을 춘다
엎어져 얼굴에 핀
벙긋한 미소는
살면서 여기까지
엄청 수고한
여인으로
엄마로
할머니로
다시 여인이 되고픈
에스테틱 스파는
무한한 청춘에게
갈채를 보낸다.

보고 싶다

만지고 싶어도 만질 수가 없을 뿐
온몸에 사랑 가득 껴안고 있어
항시 울렁이는 울 엄마 울 아빠
세월은 청제비 나래 짓 따라
언제 이만큼 흘러와 버렸는지
항구의 불빛 아래 서면
더 아롱지는 그리운 시절
고향 바다 아버지는 늘 괜찮다
다듬이질 어머니는 늘 먹어라
물결에 지워져도
바위섬으로 치솟는다
살면서 내내 보고 싶다
또 하루를 시작하는 포구
파도 소리 깊은 갯가에 돌아와
한 번씩 목 놓아 울어버린다
한참을 울고 나면
사무친 그리움 수그러들지만
그래도 보고 싶다
형제들 육 남매의 뇌수 속
충분한 약수 껴얹은 사랑
종달새 우지짖는
은쟁반의 옥구슬처럼
또르르르 굴러다닌다.

친구야

의식이 다하는
그 순간까지도
너는 내 친구이기에
무의식에서도
아마 널 찾을 거야
휘돌아 향하고 있는
배려의 양지
피를 나눈 형제이듯
널 의지하고 있는
내 그림자의 향방은
오늘도 너를 향해
뻗치며 살아가네
멀리 떨어져 있어도
가까이에 있는 듯
내 귓가에 맴도는
네 목소리의 이명은
내가 살아가는데
힘이 솟는다
친구야 너는
내가 살아가는 이유.

3월 초순의 동백

아침 산책길
홀로 핀 동백 한 송이
가던 발길 멈추게 한다
가는 봄을 붙잡지 못하고
살며시 떨어진
진홍빛 열정의 몸짓
붉은 청춘 넘실거리다
붉은 영혼 그대로 포개는
낙화하는 동백의 황혼
오동도의 동백을 기린다
켜켜이 포개어진
동백꽃 속살은
달콤한 신혼의 밀어
옥탑방에 숨겨놓은
연리지 사랑 꽃이듯
쉬이 피어나기를
거부하는 몸짓으로
함초롬히 움트려고
숨죽이는 기다림이다
휘영청 눈부심이
장미의 진동이라
은밀한 속삭임

저 부동석의 자세가
동백의 진미라
장미와 더불어 깍지 낀
잎의 나라 숨결이라

내 안에 감추어진
꿈꾸는 일탈이다.

꿈을 키운다

내가 사는 동안
꿈꾸었던 꿈
잠재된 무의식에 숨어 있다가
어느 날은 꿈을 찾아 떠나고
어느 날은 꿈을 찾아
구름이 되고
어느 날은 꽃을 피운다
꿈길에서 마주치는
그 사람 꿈처럼
오늘도
꿈을 추구하며 살아간다

새벽 창가에서
우주 삼라만상의 음성을
내 귀는 수신받는다
詩에 대한 미련을
떨쳐버리지 못해
무수한 영상을 더듬는다
이 세상 모두를 애정으로
눈동자 속에 각인시킨다

기쁨과 슬픔
그리움과 기다림
우정과 사랑
꿈과 희망 그리고
사라져버린 날들과
다가올 날들의
무수한 영상들
버리지 못하고 채워 둔다
풋풋한 새싹에 詩를 키우듯
세상을 향해
꿈을 키운다.

내 청춘의 조각배

을숙도 하단 깊숙한 갈대밭
조각배에 실려서 강의를 듣던 날
쉼 없이 질척대던 저녁놀이었지
고운 임 곁에 앉고 싶었던 설렘
지금이 그때라면 덥석 붙잡았겠지
울창한 구덕산 숲길 캠퍼스 오르내리며
팔짱끼고 노트 끼고 깔깔거렸지
가는 세월 붙잡으며 이제사 머무노니
다정했던 벗들도 간곳이 없고
얼굴 붉히던 사연도 없는데
계곡의 물소리는 여전히 철철철
뿜어대며 뒹구는 몸부림이구나
슬쩍 스치는 인생을 야유라도 하듯이
우렁차게 맴돌아 굽이쳐 흘러가는구나
하얀 포말 솟구치며 씻겨져 가는구나
추억이 머무는 그대 곁으로
사랑의 그림이 마구 흘러가는구나
자기관리 잘하라던 그대 목소리
소슬 바람 타고 스치어 가는구나
살다가 지치는 날이면
내 청춘 한 줄기 붙잡으려
홀로 고독한 조각배 타고
그대 생각에 젖어보는구나.

간이역

내 피로한 꿈들이
퇴색해가는 가을
어느덧 해가 기울고
어둠 속에 내 몸을 얹어
간이역을 찾고 싶다
멈추지 않고 살아온 삶이
푸른 신호등 깜빡거리던
아득한 선로 위 진동 소리
코스모스 담장 너머
한없이 고요한 산기슭이
쉬다가라며 등을 떠민다
들릴 듯 말 듯한 기적 소리
날 훑으며 낙엽 따라
바람에 흩어진다
마냥 그렇게 거기에 서서
나직한 울림으로
잊지 않고 부르는
엄마 목소리 들린다
그냥 의지하는 플랫폼
꾸역꾸역 졸음을 삼키며
떠날 줄 모르는 창구에서
흔들거리는 신비의 요람
내 창백한 휴식은
돌아와 떠날 줄 모른다.

詩를 시see하다

청량한 산속 깊이
발은 땅을 디디는데
머리는 저 높은 곳으로
산의 심장 소리 들린다
청산의 산 그림자들
구름이 와서
산문을 여닫는다
저기 저
자연의 장엄 앞에
가슴 뭉클해진다

구름들이 노니는
하염없는 구릉 지대
천태산 새가 되어
이 몸은 날아 간다
눈부신 사랑
돌돌 말아서
집시 여인 호세처럼
꿈꾸는 수풀의 바다
칼멘의 환타지 속
표류하는 돛단배
학처럼 신선처럼
그리 살아가련다.

조율

내 안에 밀물 치는 희망의 문을 향해
마음속 어둠을 끄집어내어
밝은 햇살로 비추어본다
살면서 행여 가면의 옷을 입고
진실을 외면하며 살진 않았는지
다시금 반성해 본다
동심이 스쳐간 몽돌해변의 추억
부서지는 파도의 흐느낌이 되어
내 푸른 사념을 솟구쳐본다
배꽃처럼 하이얀 형제들의 웃음꽃이
내 안에 항시 머물러 있으니
당당하고 풍성한 용기가 된다
열심히 정말로 열심히 살았더니
크나큰 무지개가 쑥 쑤욱 성큼 피어오르던
그 황홀했던 눈부심 잊지 못한다
당신을 미워했던 지난 세월 속
사랑으로 배려되는 내 가슴의 흔들림
다시 한 번 탱탱하게 조율해 본다.

해운대 상공의 연출

1.

지금도 그 순간을 잊지 못한다
그건 그냥 저녁놀이 아니었다
삶을 가르치려는 어떤 암시였다
우리를 이끌려는 투시였다
초고층 아파트 콘크리트 벽 사이로
홀연히 치솟은 황금 보름달의 향연
따사로운 미소로 마냥 위로하는
그대의 찬란한 유혹이었다
두리둥실 함지박의 홍안은
날 보듬어 적시며 한참 동안
도심을 향해 빤히 훑으면서
자애로운 눈빛을 쏘고 있었다.

2.

가던 발길들 멈추라한다
성급한 인간들을 통찰하려는 듯
찬찬히 하늘 보며 살아가라 한다
향유를 뿌리는 혼불의 아우라는
자비를 머금은 그대의 품안이었다
제발 숨 가쁘게들 살아가지 말라며
제발 기죽지 않고 살아가야한다며
어설픈 어깨를 토닥토닥 어루만지면서
희망과 용기를 온통 쏟아 붓고 있는
눈부신 백야의 질주였다.
삐죽삐죽 빌딩 숲 상공 위에서
어찌나 뚫어져라 관통하고 있었던지
그대 앞에 수줍어 고개 숙이던
황홀경의 나신裸身이 되었었다.

톱연주

톱의 칼날을 휘니
바이올린 몸체다
무릎 사이 딱 끼우고
춤추는 텝댄스
느리게 울려퍼진다
구슬픈 사연을 끌고
발바닥의 반주로
마치 교향곡의 후렴이다
인고의 노력 이전에
타고난 재주꾼이다
때 묻지 않은
자연의 숨소리이다
상처 난 사람들
모두 위로 받는 것 같은
예술의 압권이다
지휘자의 진통이다
소리의 반란이다
귀 쫑긋
어쩌면 수많은
나무들의 울부짖음

끝없는 숲 속의
파노라마 연통
보릿대 춤을 추고 있는
은물결의 살풀이다

하늘과 태양과 나무의
트라이앵글
두 귀를 씻는다.

가덕도의 봄날

바다를 끼고 도는 섬
가덕도 앞바다
눈이 시리도록 짙푸르다
저 건너 거가대교
눈앞에 진을 치고
공기도 바람도 새로워
푸른 웃음 나른다
진달래 개나리 피고
물가 갈매기 떼
도시의 마음이 젖는다
해풍에 햇살이 넘실
쑥 한 움큼 쑥쑥
아무데나 주저앉는다
너와 나 마주 보며
생굴에 굴국밥 삼키니
채 까지도 않은
굴 동산이
호탕한 웃음을 웃는다.

그런 손님으로

따스한 눈길로
마주 바라보며
설렘으로 가득
속삭인다
맑은 눈 웃으며
맑은 마음 드린다
상처 난 말일랑
아예 하지 말고
따사로운 말로
사랑을 나누며
진정 도와야 할
그 무엇들이 없는지
가슴으로 고민하며
나는 너에게
너는 나에게
배려에 여울지는
그런 손님으로
한번 왔다가
미련 없이 떠나가는
결국 우리는
세상 속으로의 손님이다.

가을 쏘나타

토끼 셋 자분자분 등 뒤로
가을 햇살도 춤추네요
황금 해바라기
내게 그려 주고
한 아름 축복 받으래요
아이 셋 발바닥엔 온통 물감
화선지 위 마음껏 밟으래요
이 세상 하나뿐인 명화
흩날리는 물감이 예술이요
제멋대로
그림 그리는 손
타고난 딸의 명당자리요
선물을 사러 자꾸만 가는 화방
스케치북과 아크릴 물감이요
내 어깨 위 얹어진 짐들에
힘들어하지 않을게요
그대의 낙엽송
흠뻑 쏟아져
오늘도 웃고 있을래요
그래도
그대 그립다는 말을
엽서 한 장에 부칠래요.

가을은 떠나가는 것이다

높푸른 하늘과
맞닿은 바다이든지
훨훨 삼라만상
물새 등에 실려 가든지
새들의 힘찬 비상
물수제비 튕기든지
가을 산 산 그림자
강물에 실려 가든지
들녘의 바람 따라
만추의 발길이든지
억새 춤 하늘하늘
은빛 유혹 손짓이든지
하얀 버선발로
흰 무명 치마저고리든지
서로서로 기대며
나부끼는 입맞춤이든지
역광의 억새 빛에
우두커니 서 있든지
가을 산 단풍들이
뒹굴면서 보채든지
발아래 낙엽들이
먼저 가서 기다리든지
모든 풍광들이
힘내라며 날 위로하든지.

그리움이 웃고 있네

유튜브로 전송된 밴드의 안부
무소식 친구를 찾는다네
자신의 캐릭터 속에
그리움이 웃고 있다네
사느라고 잊었던 친구야
마주 보며 나누는 메아리
내게 들려주는 팝송이
오페라 전주곡 흩날리며
맑은 아침이 웃고 있다네
어제의 건조함은 사라지고
희망차게 전송되는 오늘이
우정의 꽃바구니 속에서
열 송이 백 송이 장미로 태어나
피고 지고 지고 피고 자꾸만
환생되어 끊임없이 쏟아지네
따뜻한 말과 위로와 격려만이
내게 웃음으로 다가오네
그래도 고향 바다
잊지 못해
길 잃은 꿈 주우려
詩의 젖줄 줄기차게
날 적시는 파도라네.

내가 사랑하는 여인들은

일탈은 도저히 꿈꿀 수 없이 살아가기 때문이다
열 손가락 몽땅 검게 얼룩진 옻나무 살결 때문이다
때와 장소 따라 여인을 팔색조로 만들기 때문이다
사람들 다스림에 정이 듬뿍 묻어 있기 때문이다
열두 시간 내내 서서 일하니 보람차기 때문이다
몸은 늘 피곤해도 아플 틈도 없기 때문이다
좋은 재료로 찍어내니 모두 명품이 되기 때문이다
손님들이 꽉 찰 때면 그림자조차 없기 때문이다
벽시계 한 번 쳐다볼 틈도 없이 진행되기 때문이다
흐르는 땀방울을 쉬이 닦을 여유조차 없기 때문이다
비가 오나 눈이 오나 바람 불어도 한결같기 때문이다
오순도순 이야기로 서로 묵은 정을 나누기 때문이다
이웃을 친지처럼 보살피며 웃음꽃이 피기 때문이다
하루 쉬었다간 눈 빠지게 그녀를 찾기 때문이다
나 또한 마술의 손에서 벗어날 수 없기 때문이다
끼니 한 번 제때 못 찾아 동동거리기 때문이다
성실이 얼룩진 여인들의 땀방울이 빛나기 때문이다
들판의 향기 쑥개떡을 너무나 달게 먹기 때문이다
쪽파 김치를 걸쳐먹던 진풍경이 떠오르기 때문이다
조금 덜 먹으면 정겨움을 볼 수 있기 때문이다.

당신의 귀

한쪽 귀가 안 들릴 때는
소리의 소중함을 미처 몰랐었네
산악자전거 바람 신나게 넣다 꽝!
터져버린 압력 밥솥 타이어
잔손질 잘한 보상치고는
오히려 형벌이었네
두 쪽 귀가 다 잘 안 들린다 함은
듣기 싫은 소리 안 들려 좋다지만
그냥 지나쳐버리는 장승처럼
버텨 서서 바라보는 멍한 숲 속
새소리도 바람 소리도 무의식의 통로
당신의 탐욕이 무너져 내리네
순식간에 소리의 의식이 막혀버린
마음 아픈 당신을 위해
내가 기껏 도울 수 있는 건
밥쟁이 일 말고는 단 하나도 없네
하루아침에 손짓 발짓으로
산다는 것은 내게도 낯선 풍경이네
청각을 짊어지고 허둥대는 무대 위
당신께 작은 보탬이 될 수만 있다면
나의 기원은 그 어떤 몸짓으로도
어설픈 무용수가 될 수 있다네.

목포의 유달산

유달산아
이제야 찾았노라
네 이름이 왜
유명세를 탔는지
영혼도 쉬어가는 곳
마주하니 알겠노라
산마루가 슬기로운
선조님의 초상이라
지긋이 드러누워
하늘 아래
부러울 것 없었노라
에밀레 종소리
가슴에 품고서
만인을 포용하였노라
역사의 진통이
종각에 전이되듯
턱 버티고 앉아
듬듬히 껴안았노라

목포 항구를
내려다보면서.

배고파

길고양이가 하나둘 언덕 위 아파트로 모여든다
음식 쓰레기통 주위에서 배고파 야옹야옹
어떨 땐 뚜껑을 일부러 닫지 않는다
사라지는 뒷덜미로 야옹 소리는 딱 멈추었다
고양이가 정자세로 나를 투시하고 있는 듯
입가에 수염 하나 결코 움직이지 않고서
땅 위에서 보는데 마치 저 높은 곳에서 아래로
눈을 내리 깔고서 매서운 눈초리로 뚫어져라
관찰하던 그 집념 앞에 소름이 끼쳤기에
선심을 베풀었더니 훌쩍 올라타 훑고 있었다
이제는 음식 쓰레기도 종량제로 바뀌어버려
카드를 갖다 대야만 문이 착 열리는구나
자물통이 철통같이 채워져 있으니 어쩌나
길고양이들의 행보는 더 살벌해지는구나
고양이들 눈동자는 인간들을 가소롭게 째려본다
무섬증이 나서 내 발자국이 피해가던 어느 날
오고 가는 사람들을 낱낱이 주입하고 있는 듯
배고픈 손주들이 기다리는데
바쁜 걸음걸이 재촉하는데
딸이 사준 스마트 폰이 갑자기 배고파
배고픈 새끼 하나 더 늘어나
오늘도 배고파 안달이구나
징징대는 울음소리 아롱거리는 귓전
내 놀란 젖가슴을 쓸어내렸다.

해바라기 관찰

산기슭 스쳐 내려가던 날
들길을 돌아서는 왼쪽 어깨 위
누군가 날 붙드는 것 같아
되돌아서는 순간 내 머리 위에
해바라기 두 줄기 홀연히 솟아나
가던 발길 찬란히 멈춘다

꾸부정 고갤 숙여도 높기만 하다
아래 핀 노오란 해바라기 꽃 잎사귀
위에 핀 짝지 보며 해바라기한다

금빛 씨앗들 알알이 품어 안고서
노오란 웃음 꽃 살랑살랑 피운다

한해살이 풀인데 큰키나무처럼
하늘로 치솟은 황금 꽃가루들
꽉 찬 충만한 축복의 결실 앞에
멍하니 서있는 빈 돛단배 하나
태양을 향해 저리 함박웃음으로
늠름하고 야망 찬 환희를 부른다

자식 농사 켜켜이 소중한 풍경
부러워 눈이 부셔 한참을 지켜본다

날마다 쌓아 올린 욕망의 더께
해바라긴 날 빤히 내려다보면서
걸친 욕망 한 겹 벗어라 한다

날아오르는 욕망 두 겹
더 벗어던지라 한다.

기장의 임랑 바다

하염없는 임랑 바다 수평선 위로
성큼 치솟는 홍시의 반란
붉게 일렁이는 그리운 유희들
황금어장의 기쁨을 노래한다

저 광활한 바다 고깃배의 실크로드
험난한 파도 타고 출항하는 피에로
만선의 깃발 아래 황혼을 펴 담고서
희망찬 만세의 운율이 흐른다

시린 영혼 기대어 모래밭에 앉으니
괭이 갈매기 도란도란 휴식을 취하며
뒤뚱거리며 진한 사랑 확인하려는 듯
당신의 향유에 구구구구 물든다

광활한 저 바다 끝이 보이지 않는 곳까지
삶의 건더기 쪽배에 실어 보내버리고
스치는 인연 마냥 주고받고 싶으니
누가 먼저랄까 배려의 옷깃을 붙든다.

제 2 부
사랑으로 남아

영도다리

새 생명이 늘 솟구치던 영도다리
오동나무 선착장 난간에 앉아
삐거덕거리면서도 웅장하게
줄기차게 치켜 물구나무서서
하늘이 외치던 그 자세 그대로
늘 콩심장이 두근거리는구나

갯바람 항구의 고향 바다
만남과 이별의 손수건 사이로
내 볼과 목을 애무하던 청춘
야생의 갈매기 떼 꺼윽꺼윽
그 눈부신 낭만들 속으로
여수 여객선 넘나드는구나

상실의 아픔이 사무치던 곳
스스로 떠나감에 흐느껴 우는 듯
갯내음 맑은 숨결 그 풋풋한 얼굴들이
오늘 따라 왜 그리 보고 싶은지
열 살 적 팔월 벌거숭이 환상여행
피둥피둥 달려와 날 적시는구나

돌아보면 어찌 잊으리
바닷가에 마실 나온 너와 나
그래도 길 잃은 꿈 주우려
여명의 수평선 웃음소리 주우려
예순 하고도 이만큼 더 살았으나
온종일 아이처럼 서성이는구나.

감지 해변 몽돌 소리 아바메들리…

몽돌의 목소리 듣고파 나 오늘 간절히 찾아왔노라
파도에 밀려와서는 일제히 휩쓸고 가는 소리
무어라 표현할 수 없는 신비의 선율은
내 팍팍한 삶을 지탱해 주었노라
몽돌과 몽돌 사이 파도가 스며드는 소리
온몸 얼싸안으며 미련 없이 파도를 뿌리치는 소리
이리 뒹굴 저리 뒹굴 마구 헹구면서 쓸려 가는데
싸르르르륵 또르르르륵 쓰르르르륵 뚜르르르륵
고향 바다는 저토록 부지런히 살고 있었으랴
해풍에 전신을 훑어가는 스킨십 사랑으로
파도는 맹렬히 피아노 건반을 뚜드리면서
청아한 몽돌 노래 여전히 들려주는구나
따신 젖가슴 몽돌을 만지작거리면서
소꿉놀이에 여념이 없던 내 유년의 향수
하늘과 맞닿은 저 수평선 아래로
쪽빛 바다 그 파도 그대로인데 글쎄
깔깔대던 그 목소리 그 얼굴들 다 어디로
백 갈매기 나래 타고 몽땅 가 버렸구나
성난 야수처럼 몰려오던 그 원시파도는
오늘도 내 기억 속에서 지워지지 않는데
맨발의 부표는 낯설게만 손짓하는데
"니 돌멍게 첨 먹어 보제…"

초고추장 찍어 먹여주던 친구들아
찰진 우정 눈에 밟혀서 찾은 고향 바다
파도 소리 안주 삼아 웃던 널 그리며
몽돌의 볼떼기에 눈시울을 적시노라
엉덩이 찰싹 몽돌에 붙이고 앉아서
눈과 눈 마주치며 진달래 물장구치던
추억의 아바 메들리… 그 찬란함을 들추노라
오로라의 세계가 색감의 극치라면
몽돌의 파도 소리는 절정의 자장가
내 어머니 젖가슴 심장박동 소리로구나.

아홉 살 손녀의 키스

끌어안는 순간입니다
꼬막 같은 입술이
순식간에
제 입술을 덮쳤습니다
그저 할머니가 좋아서 한
키스가 아닙니다
비가 오나 눈이 오나
바람이 불어도
하루도 빼먹지 않고
자기들의 아침을
깨우기 때문입니다
김이 모락모락 나는 밥상을
대령하기 때문입니다
내 입술에 정조준으로
딱 포개져 닿는 순간
그것은
희열이었습니다
그것은
눈물이었습니다
자식을 키움에
못다 한 사랑이
샘물처럼 넘쳐흘러
샘솟기 때문입니다.

사랑으로 남아 있는 사람

언젠가 우리들 가고 없어도
하늘과 구름과 바람과
원시 파도 영원하리라
네 가슴속에
물씬 사랑으로 남아있는
그대의 친구이고 싶어라

하늘가로 무수히
퍼다 나르는 새들처럼
울컥 사랑으로 스쳐가는
그대의 기억이고 싶어라

줄줄 땀방울들 사이로
산들바람 식혀주는
고마운 사랑으로 남아있는
그대의 미풍이고 싶어라

이 세상 절대로
포기할 수 없는
진국의 사랑으로 남아있는
그대의 영혼이고 싶어라.

달마산 미황사 탐방

산은 산인데
부처가 살고 있다
해남 땅끝마을의 봄날
관세음보살 울려퍼진다
마음을 다스리는
대웅전 향기를 듣는다
내가 살아가고 있는데
내가 없는 삶
천이백 년 산사의 세월
하염없는 합장의 명상
절로 눈이 감겨진다
비로소 내가 보인다
내 마음이 보인다
지붕을 짊어진
대들보와 벽기둥
천 개의 부처님 벽화
머리 위 약수를 뿌린다

잔솔가지 우거진
달마산 숲길 사이로
청정을 마시며 걸어가는데
그 옛날 치솟은
바위산들 좀 보라네
암릉의 혼령처럼
달마산 병풍이 되어
황금빛 유혹의 손사래
가던 발길들 멈추라 한다
누가 감히
달마산 산골짜기에
천 개의 부처를 옮겨 놓았는가.

전남 곡성의 아침은

안개가 허공에
가득 차올라
온통 안개비에 휩싸여
친구의 얼굴도
부모님의 모습도
젖은 안개에 싸여
흔적 없이 사라진다
잿빛 그리움 속으로
널 순순히 따라나선다
섬진강 물줄기 휘돌아
곡성강 굽이굽이
침묵만이 있을 뿐이다
마치 신선이 되어
훠어이 훠어이
귀한 인연 들쳐 업고
나르는 물새가 된다
코스모스 강바람 타고
안개비
술술 풀어 헤치며
젖은 네 안에서
비로소 나를 찾는다.

비에 젖은 은행잎

바람 불며 비오니 낙화하는 은행잎
우수수 떨어지면서 서로 포개진다

세상 구경 제대로 해 보지 못하고서
강제로 서러운 상념에 젖는다

갈 길을 잃은 은행잎의 외출은
시가지를 온통 황금으로 뒤덮는데
가만히 내디디며 지켜본다

저 눈부신 금빛의 휘날림이
갈 길을 잃어버려 주저앉으며
맥도 못 추고 눈물에 쌓이는
황금 사연에 내 마음도 젖어든다

파란만장했던 어머니의 세월이
은행잎들 사이에서 소곤거린다

헌신으로 쏟아 부운 뜨거운 피
어머니와 더불어 흐르는 피
호흡을 하며 하품을 하란다

산들 바람에 흔들리는 나무는
이제 제 할 일 다했다면서
이별의 몸짓 사르르 떤다

가슴에 번진 멍든 사연들
줄줄이 내려놓으라 한다

젖 물리던 어머니 품안
심장박동 소리 그대로 물려받아
짊어진 배낭 속 나눔의 온정
그 열정의 메아리 사각사각
그 발길 그대로 전이된다.

천안의 눈썰매

거침없이 달린다
백설의 축제 흩날리며
높은 언덕 위에서
아득한 들판 아래로
타이어 배 폭삭 깔아 앉혀서
인정사정 볼 것 없이 추락한다
바로 출발했는데 홱 뒤돌아
공포에 소리 지를 겨를도 없이
훌쩍 스쳐 가버린 찰나
아이들은 온통 흥이 났건만
사시나무처럼 떨고 있는 나
깔깔대던 유년의 웃음바다
어느새 다 떠내려갔는지
난생 첨 맛보는 세상 속으로
뒤뚱거리며 서성대는 오리발
순간의 선택 앞에 휘리릭
마구 내동댕이쳐진 육신
물구나무 선 눈썰매 세월
짜릿함의 극치다
통쾌한 일탈이다.

어떤 수세미들

너는 창문만 열면 은사시나무처럼 반짝거리는 유혹이다
너는 오직 자기만 봐달라면서 한 곳만 보며 엮어지는 운명이다
너는 팔순 노모의 손끝에서 한 올씩 창조되는 예술품이다
너는 문설주에 매달려서 늘 나를 웃게 만드는 마술의 커튼이다
너는 고개를 들어 자기를 쳐다보면서 열심히 살아가라는 가르침이다
너는 창밖을 향해 살랑살랑 돌고 돌아가는 멋진 풍차이다
너는 무생물인데 생물처럼 움직이고 있으니 사색의 창이다
너는 오색실을 코바늘로 낚아채며 날밤을 지새운 인내의 흔적이다
너는 쪼그리고 앉아 색실을 예쁘게 배치해야하니 치매예방이다
너는 그저 좋아 좋아서 뜨개질 취미라기엔 고된 수작업이다
너는 그릇만 깨끗이 닦기에는 소중한 것이기에 쉬이 쓸 수 없다
너는 온종일 엉덩이 붙이고 마실도 못 가게 하는 적은 용돈이다
너는 어떤 인연으로 내게 와 발처럼 매달려서 돌아가고 있다
너는 화려하게 만개한 여러 꽃송이와 초록 꽃받침 딸기이다
너는 물에 불은 나의 두 손을 어루만지는 위로의 자장가이다
너는 각시 인형과 은빛 코끼리에 주렁주렁 매달려 있는 별들이다
너는 온통 은실로 빛나는 사람 즉 존경받는 사람이 되라고 한다
너는 무수한 상상력을 불러일으키고 있으니 내 소중한 밀어이다
너는 오늘도 여전히 내게 쉼 없는 자신의 열정을 닮으라한다
너는 내 친구 어머니의 걸작이기에 마치 내 어머니 같은 사랑이다.

책과 사람 그 사이에 도서관

책 하나에 무늬가 있고
책 하나에 소리가 있고
책 하나에 향기가 있어
책장을 넘길 뿐인데
시각과 촉각은
감성의 터널을 지난다
한 페이지마다
위안이 되고
용기가 되고
그리움도 삼켜버린다
책과 사람 그 사이에 도서관
생명수를 마시듯
집중할 두근거림이 있고
섬세한 가르침이 있고
망설이던 심장이 뛰고
무릎을 치고 있고
숨어 있던 사랑이 있어
드디어 나는 당신의 보람이 되고
책 하나에 어머니
책 하나에 아버지
눈시울을 붉히는
외로운 터널 속
표류하는 돛단배
미래의 주인공이 된다.

피조개

지금도 생생하다
피조개 속에 담긴 사랑이
생명의 원천인 피가
조개 속에 흥건하다
어째서
조개 안이 피투성이인지
너무 놀랐던 일이
자궁 속 태아처럼
새빨간 피를 품고
자식인 조갯살
칭칭 감고 있었다
큰 꼬막인 줄 알고
구입한 피조개
주먹만 하기에
조갯살도 살찌겠지
꽉 다문 두 입술은
하도 밀착하고 있어
칼도 벌벌
손도 덜덜 마구 휘어져
펼쳐진 세상은 요지경 속
엄마의 피가 살이 되어
해산의 통증을
꽃피우고 있었다.

침묵의 부엌

딱 다문 입술로
영혼과 육체를 동시에
작동하는 믹서다
다듬고 씻고 끓이고
토핑까지 예술이다
위선도 명예도
보글보글 사라진다
탐욕도 욕심도
거품 되어 부글부글
증발돼 버린다
침묵해야할
암시도 준다
기다려야만 되는
인내심도 키운다
집중해야 할
응시도 배운다
게으른 일상도
씻어 흘려보낸다
너는 늘 젖어 있어도
사랑의 손택배
보송보송 웃는다.

향기로운 말

꽃이 향기롭지
말이 향기롭니
지금껏 달려 온
외길의 용기 앞에
처음엔 미소만 남겼는데
이제는 온몸이
웃고 있지

꽃만 향기로운 게 아니라
따사로운 말이 더 향기롭지

시간에 쫓기면서
살아왔던 나
친절에 서툴게
살아왔던 나
자리에서 일어나 훨훨
고개를 들어
하늘을 보라하지

살아가는 그날까지
힘든 일 고백하면서
위로받을 수 있다는 건
진정 값진 일이지

오뉴월 하얀 찔레꽃처럼
당신의 말이
꽃처럼 향기로운 건
온 세상을 두루 여행하며
부딪치고 경험을 쌓았었지

종종걸음으로 잘 살아 온
인고의 삶 때문이지

나도 언제쯤
내 말에서 향기가 나지.

쏙을 닮자

새우도 아닌 것이
가재도 아닌 것이
쏙 쏙 올라와야
쏙을 잡을 터인데
갯벌 속에 숨어서
날 잡아봐라
저거도 영리하여
꼼짝달싹하지 않네
엉덩이 찰싹 붙이고
한숨을 들이키며
붓끝으로 살살
유혹이 춤을 추네
인내의 진흙 마당
집게발 내밀 때
냉큼 낚아채면
길쭉한 쏙이
쏙쏙 올라오네
잡히면 잡히는 대로
안 잡히면
안 잡히는 대로
남도의 진풍경 속
쏙이 파묻히며
쏙쏙 닮으라네.

수영강 가 가마우지

도심의 일탈이다
수변공원으로 연결된 해변
하얀 가마우지 한 마리
물고기가 잡힐 때 까지
지나가는 관객들 아랑곳없이
의연하게 주시하고 있다
셔터를 눌려도 손을 흔들어도
전혀 돌아보지 않는다
수영강과 바다가 만나는 지점
재미가 쏠쏠한가 보다
십 분이고 이십 분이고
그냥 그대로 쪼그리고 앉아
먹이사슬의 물고기를
딱 낚아채고야 만다
저토록 집중하는 가마우지
넋을 잃고 지켜본다
어쩌면 자리를 박차고
은빛 나래 휘젓는 그 자태를 바라보지
큰 소리로 불러 봐도 꼼짝달싹 않는
끈질긴 가마우지의 근성
본받아야 한다 우리는
그 누가 저리 온종일
쪼그리고 앉아서 뚫어져라
자신의 삶에 충실할 수 있을까.

명량

1.

왜 그리 명량을 외쳤는지…
마지막 상영을 놓치지 않으려
영화관을 꺼리는 남편도 기꺼이
동행하는 바쁜 발자국이었다
비록 늦게 보는 명량 명화감상
어른 아이들 손에 손잡고
잠시 만에 꽉 채운 객석의 머리 위로
차성아트홀의 웅장한 음향효과는
두 시간 내내 가슴을 쿵쾅거렸다
근 500년 전 임진왜란 속으로
그 당시 아비규환의 해상전투 속으로
적나라하게 펼쳐지는 전쟁의 실화를
그 누구도 소리 내지 않았고
그 누구의 동요도 없이
일순간도 빼먹지 않고서 관객들은
모조리 뇌수 속에 흡입하고 말았다
지혜로운 이순신 장군의 용맹 앞에
두 주먹을 불끈 움켜쥐었다.

2.

열두 척뿐인 거북선으로
수백 대의 왜놈 배를 무찔렀으니
어찌 하늘도 놀라지 않을 쏘냐
아비규환 피비린내 해상전투는
안타까이 눈시울을 적시고 있는데
울돌목의 회오리는 찰나의 천운天運
난 그만 남편의 손을 덥석 잡고 말았다
성웅 이순신의 슬기로움과 강인함을
우리들은 한순간도 잊지 말 것이며
나라 사랑을 허투루 하지 말 것이며
각자 맡은 바 최선을 다함이
성웅 이순신 장군님 명성에
한 치의 누를 끼쳐서는 안 된다는
불타는 애국심이 끓어올랐다.

촉석루 위에서

촉석루 위에서
내려다본 남강은
유유히 스쳐가는
선조의 숨결이다
숭고한 혼 논개의 투영은
너럭바위 끝자락 춤사위이다
거북섬 돌섬들의 암시는
우포늪의 발길이다
낙락장송 바위틈 지층은
퇴색된 삶의 목청이다
바스러지는 돌흙 어루만지며
사백 년 전 황포 돛단배 타고
실려 갔은 꽃 청산의 그림자이다
겹벚꽃 칭칭 흐드러진
터널 속으로
사랑도 고통도 실려서 가고
쾌락과 탐욕도 실려서 가고
사월은 그렇게 깊어만 가고
내가 새가 되고
새가 꽃이 되고
유유자작 머물며 가거늘
삶에 열중한 인생아
덧없이 강물 따라
흘러만 가느냐.

해운대 꼬리연의 향연

수천 개 꼬리연들이
독도리 상공까지
해풍에 몸을 싣고
일대 장관이네
망망대해로
나아가는 세일처럼
바람아
나도 달리고 싶네

수직상승 솟아오른
바람 속 염원들
맘대로 뜻대로
휘돌며 떠나고 싶네

곡예사의 탈을 쓰고
하늬바람 꼬리에 살살
자유를 만끽하면서
일등 항해사 꼬리연
당신은
내게서 희미해져 가네

쪽빛 파도 넘실대면서
푸른 하늘 제압하면서
너로부터의 자유
연줄에 매달린
생명의 노고지리들
사람들
복종이 없는
자유의 무등에 실려서
향년을 휘날리네.

옻나무 그리고 옻순

옻나무 근처엔 가지도 말아라
그 소리 듣고 자랐지
쇠꼬챙이로 냉큼 낚아채어
단 사흘 동안만 따야하는
연녹색 새순의 잎사귀 옻순을 보았지
한 움큼 채취하면서 날것으로도 먹었지
사흘이 지나면 억세져서 못 먹지
함양과 옥천의 옻나무 군락지
옻나무 진액은
옻칠만 하는 줄 알았지
옻 간장 만들지
된장 속에 꽂아두면
맛 된장 일품이지
토종닭과 푹 고우면
보양식 토종 옻닭 되지
옻순은 김치 담그지
초고추장에 무쳐먹지
들기름에 찍어 먹지
삼겹살에 쌈 싸먹지
독을 다스리면 약이 된다는
선조님의 지혜대로
해독작용에 냉한 육신 데운다지
살신성인의 변신이지
한국인의 밥상이지.

4월의 기도

누가 책임질 것인가
찢어진 바다
홍수 같은 재채기
한 평생 가슴 친다
굽이치는 파도 속
떠밀리고 포개고 스치어
하얗게 증발 돼버린
통증의 바다
가야할 때가 아닌
사람들 사이에서
등이 떠밀려버린
귀로의 청춘들
시린 삶의 여운
온 국민
목이 멘다
기도에 서툰 내가
생명에
부대끼며
가지런히
두 손을 모은다.

가슴 뭉클하였던 날

우리들은 무작정 쳐들어갔다
남편이 사라진 친구네로
벨 소리에 놀란 친구 대문을 여는데
부스스한 모습 속에 왈칵 치밀어
서로들 힘껏 껴안았다
친구의 눈동자는 떨고 있는 듯
글썽이는 눈물의 강
표류하는 돛단배 하나
초점을 잃은 사시였다
미인 얼굴은 간 곳이 없고
애써 움켜진 두 손을 맞잡고
힘내라면서 토닥토닥거리는데
한 편의 아롱진 드라마였다
그 친구 우정 딛고 기운을 차려
어찌어찌 잘 살고 있다하기에
다시금 뭉쳐 얼싸 안으며 가슴 뭉클하였던 날.

문자로 전송된 한 친구의 부고장
영안실 떨려 못 들어서는데
아내의 암투병기 제법 길어서
시름 깊어도 해맑았던 그의 모습
아내 살리고서 먼저 떠나다니
너무 억울해서 어쩌나 내 친구
눈물이 앞을 가로막는 사이로
노래방 찰찰이 찰랑거린다
신바람 손님 잃은 노래방마다
그 친구 생각나 어찌할까나
진정 가슴 뭉클하였던 날.

엉겅퀴꽃

이쁘기도 하여라
진분홍 꽃 함초롬히
그 누굴 위하여
유혹의 저 눈웃음
실실 웃고 있느냐
초록 잎사귀엔
꽃송이를 감싸는 듯
가시가 많아
낚아채기 힘들지만
꽃을 따서 맛보는데
향긋한 꿀맛이로구나
잎과 줄기는 말려서
구수히 달여 먹나니
자연이 준 신토불이
엉겅퀴 꽃송이들
한 아름 수확하여
꽃송이 한 켜
설탕 한 켜
다시 태어난 귀한 몸
보랏빛 효소 엑기스
물 끓인 아낙네들
신바람 나는구나.

여여정사

동굴 문을 들어서는데
온몸은 경직된다
잘못 살아온 자신을
되돌아보는 참선의 세계
소요 속의 침묵을 본다
적막 속 경배의 흔적들
찰찰 흘러가는 시냇물 소리
돌부처의 미소는 희망의 운율
온갖 번뇌는 잊혀져 간다
걸망의 한숨 내보내며
심오한 신비 들이키며
땅바닥에 이마를 댄다
눈 깜짝할 사이
바람 같은 삶이 스쳐 지나갈 줄
빨랫줄에 매달려 나풀거리다가
사라지는 순번만 기다린다
죽음 앞에선 그 누구도
무기력해지는
찰나 같은 인생사
여기 여여정사에 엎드려 본다
허공 속에 빨려드는
참회의 이력서다.

제 3 부

내 마음 그대 속에

어떤 악수
어느 새벽의 기도는
천안 아산역의 노을은
100세 이하 절대 금연
가을 숲 이야기
장산 원각사 시낭송회 날
마늘쫑과 매실고추장
정情
자화상
재충전
칭찬과 용돈
진국
철쭉바다
분수와 물의 음악들
아소산 분화구
산딸기를 찾아
태양이 빛나는 조태일시문학기념관
네 잎 크로버
새우케밥 타령
청령포는 영원하다
우연과 필연
마음의 다이어트

어떤 악수

그리움을 접어둔 채
몇 달이 흘렀을까
오늘 우연히
그분을 만났으나
할 말 못 하고 더듬거렸다
마주 보며 잡은 두 손이
그리움을 대변이라도 하듯이
서로 꽉 움켜잡고 있었다
악수라고 하기는 중량이 커서
차라리 눈부신 포옹이었다
눈과 눈이 제일 먼저 웃는데
많은 일들이 소통의 강물 되어
뒤섞여 흘러가고만 있었다
알알이 맺힌
해바라기의 행운이
당신에게도 내게도 달려와
재빠르게 스치듯 고백을 했다
귓가에 속삭이는 찰나의 순간
서로에게 던지는 쾌속정의 깃발
짙푸른 고향 바다 품에 안았다
몽돌 감지 해변 시원의 찬가
또르르르륵 사르르르륵
하늘과 맞닿은 수평선 아래
아쉬운 이별의 잔 기울였다.

어느 새벽의 기도는

지난밤 음미한 한 시인의 '황혼의 기도'는
진정 두 손을 모으는 살물결의 진동이다
저절로 눈시울을 적시게 하는 기도의 詩는
하늘에 준비하는 정갈한 앉은 자리 속으로
반성의 채찍을 후리치는 허수아비가 된다
나 자신 주위를 잘 정돈하지 못하고
떠남을 위하여 만반의 채비를 한 적이 없기에
몸과 마음을 한 점 부끄럼 없이 정화하여야만
궁극의 기도에 동참할 수가 있으리라
세상의 미련 다 놓아버리고서
가벼운 새털의 기도가 되어
간절하게 두 손을 모으리라
그대의 심오한 기도의 흔적을
서서히 한 글자씩 따라 읊조리는데
처연한 영혼의 울림이 된다는 게 어색해
결국 기도에 동참하지 못하고 있는 나
무슨 글쟁이가 된다고 소란스러운가
뇌수 속에 마구 흐르는 자유로운 영혼만이
최고가 된 듯 착각하며 살았으니
어느 새벽의 기도는
반성의 얼레를 가득 짊어진다
그대 황혼의 기도를 감히
그 언제쯤 동행할 수 있으려나…

천안 아산역의 노을은

그리 춥지도 않고
좀 쌀쌀한 겨울 날씨
서녘 하늘가를 서서히
붉게 물들게 하며
서성거리던 저 노을이
고즈넉한 아산역사
고객대기실에서는
만남도 헤어짐이 되고
이별도 만남이 되고
죽음도 탄생이 되고
시작도 끝이 되고
끝도
다시 시작이 되는
기다림마저
훈훈한
황금빛 사랑
예약된 손님이다.

"100세 이하 절대 금연"

통쾌한
웃음을 날린다
어떤 청년의
홈런이다
아무런 말이
필요 없다
빗발치는 환호다
순간의 선택인
시린 벽보 때문에
내뿜는 담배 연기
아련히 흩어지는데
애연가의 애착은
물구나무를 서서
영혼도 쉬어가는
유달산을 찾는다
에밀레 타종 소리
종각의 기적 소리
네 가슴팍에
그대로 전이되듯
삼라만상에
경종을 울린다.

가을 숲 이야기

숲은 말이 없어도
숲 속을 향해
새들이 운다
풀벌레 진을 치는
가을이 오는 소리
산새와 짙은 녹음만이
고요의 우산을 덮친다
풍요로운 나뭇잎의 정원
이른 새벽부터
깜깜한 밤까지
새들은 연이어 운을 띄워도
수풀은 까딱도 않는다
하늘가 높다란 잎새만이
허공을 떠받들며
살물결 잎맥들 술렁거린다
검푸른 소요 속의 침묵
구름 사이 흩어지는
달빛이 흐를 때면
숲은 소리 죽여
갈채를 보낸다
산바람 따라 살랑살랑
지휘봉 흔들어가면서
삼라만상에 수신을 보낸다.

장산 원각사 시낭송회 날

장산 400고지 산속 원각사 앞마당
높푸른 가을 하늘 시 낭송회 날
바람이 장난이 아닌데
여인들 오색 한복 휘날리면서
신사들 정장 추스르면서
숲을 향해 마치 약속이나 한 것처럼
세찬 바람에도 떨지 않았다
눈앞에 펼쳐진 오륙도 부산항
해풍은 산자락 낙엽을 휩쓸고
시의 향기에
온통 영혼을 쏟아붓고 있는데
얄궂은 바람은 시샘이라도 하는 듯
볼떼기를 마구 할퀴고 있었다
원각사 경배의 흔적들이 혹독한 바람을 타고
온갖 번뇌를 후리치면서
기도의 도량을 휘휘 휘리릭
산자락 번뇌를 훑고 있었다
살면서 어떠한 흔적들로
어떠한 발자취들로
낱낱이 아로새겨질 것인가
땅바닥에 이마를 대며
무기력해지는 나에게
바람은 오늘도 또 다른
참선의 매를 때리고 있었다.

마늘쫑과 매실고추장

사람도
어떤 궁합이 맞듯이
마늘쫑과
매실고추장의 만남은
상큼하고 달콤하게 감싸는
입안의 예술입니다
살면서 특미를 맛보지만
목젖을 넘어가면서도
향이 서로 뒤엉켜
오묘한 조화입니다
마늘쫑이
매실고추장에 빠지는 순간
톡 쏘는
첫사랑 고백이듯
특별한 인연으로
헤어질 수 없는
짝궁입니다
매움도 사라지고
속 쓰림도 사라지고
파고드는
버거운 삶도
쓱싹 한데 비벼서
밥 한 그릇 뚝딱입니다.

정情

일탈이다
뙤약볕 아래 걸어가는데
땀이 줄줄 흐르고 있으나
그녀들 웃음소리가
선풍기 바람처럼
내게 불어오고 있구나
어떤 나눔의 사랑이
펼쳐지는 풍경의 스케치들
숙성된 매실 고추장에 빠진 마늘쫑과 오이 고추
탐스럽게 먹던 눈웃음들이 내 발목을 붙잡고 있구나
조금 덜 먹으면 정겨운 호사를 누릴 수 있으니
봄날에 캔 쑥 뭉치로
방금 만든 쑥개떡을 받들어 향하고 있구나
열심히 일하느라 끼니를 제때 챙길 수 없는
그녀들 식탁 위에서
고소한 콩고물에 찍어먹는
정겨움이 밀려오는구나
살면서 무엇을 사랑하고 있는가
열두 시간 내내 서서 일하는
땀 흘릴 시간조차 없는
고된 삶의 진풍경이
하하하하 호호호호
그 속에 그대로 숨어서
나오지를 않는구나.

자화상

1.

어머니 손톱이 잘 부러지더니
내 손톱도 엄마 닮아 쉬이 부러져요
손주 셋 거두자니 쉴 새 없이 날라요
어떨 땐 온종일 젖은 손이 되어요
부전시장 메고 들고 동해남부선을 타요
허리는 꾸부정 두 다리는 벌어지네요
약속을 해 놓고도 못 가게 되요
슬픔을 잊은 지도 까마득해요
끼니 챙기느라 그리움도 접고요
기다림도 잊고서 동동거려요
그래도 봄날이면 쑥 캐러 가요
들판 위 낚아챔의 희열을 안아요
쑥 뭉치 손질하여 살짝 데쳐요
냉동실 차곡차곡 비축해 두어요
여름날 삼삼한 열무김치 동이 나고요
가을날 쑥개떡 짊어지고 갖다줘요
겨울날 가덕도 굴 넣은 쑥국을 끓여요
먹거리를 챙김이 즐거운 일과가 되요
한마을 사람들과 친척처럼 나누어요.

2.

배 밭 친구 사귀었더니 꿀배 실컷 먹어요
배즙 먹고 자란 고추 아삭아삭거려요
여수 돌산 갓김치 숙성시키기 바빠요
감자탕의 진미에 눈웃음을 쏘네요
아이스박스에 생선 택배가 도착했어요
쓰촨성 보이차가 선물로 날아와요
돈으로 살 수 없는 소통의 향기에요
이태리 명품 백이 내 품에 안겼어요
되로 주는데 말로 받기만 해요.

재충전

다음까페에 ‘밭도랑이야기’
얼마 만에 들어가 보는 글밭인가
나 쉬어 가렵니다
매일마다 수많은 일 속에서
나 자신은 간 곳이 없고
나 자신은 잊어버리고
중량에 떠밀리고
보살핌에 지치고
부지런히 사는 삶이
베풀며 사는 삶이
사랑하며 사는 삶이
다 옳은 줄 압니다
살다보니 그 속에는
나 자신이
마치 그림자처럼
줄줄 따라다닙니다
내가 없습니다
남태평양 피지섬
옥색 바다 펼쳐집니다
그대의 글밭 속에
내가 있습니다
비로소
내가 벙긋이
웃고 있습니다.

칭찬과 용돈

여백만 있으면 척척 그리는 그림 솜씨
예사롭지 않음을 7살 때 알게 되었지
공룡들은 이름도 어렵지만 종류도
수백 가지라면서 척척 스케치를 하였지
꼬마 화가는 당차게 내 꿈은 화가예요
쏟아 붓는 칭찬에 저토록 잘 그리는지
그림을 그려 올 때마다 용돈을 주니
신바람이 나서 실력을 부추기고 있는지
그림의 제목은 동물과 노는 나라인데
온갖 동물만 그려 놓아야 정상이지
로라 타고 달리는 자신을 중앙에 그리고
거북이 두 마리 위 올라타고 있는지
왕자님 태우고서 함께 즐기는 거북이
어깨 위 참새 두 마리 저절로 흥이 나
부리를 짹짹 열며 노래를 부르고 있는지
시립미술관 주최 사생대회 날 입선작
거북이가 로라스케이트 신발이 되는지
지혜로운 발상이 어디에서 흘러나오는지
쏟아 붓는 칭찬과 용돈
뇌수 속 지혜의 강을
반짝반짝 한없이 건너고 있는지
꼬막손 화가 매일매일 그려오니
용돈을 다 줄 수 있는지.

진국

사골 국으로 말하자면 진국이었다
시 속에 숨어있는 그림을 찾아서
서정시를 쓰는 배경과
시 쓰기에 대비하는 언어
이미지와 은유와 비유를
창작의 가마솥에서 푸욱 푹
한참을 우려내고 있었다
진국의 신사 앞에 앉을 때마다
내 젊음에 늘 촉기가 흘렀다
현실과 이상의 세계를 넘나드는
지루한 내 시의 일상 속에
정신이 번쩍 들게 찾아왔다
서툰 내 시집 두 권을 사서
냉큼 도전장을 내밀면서
생생한 강의를 섭렵한 후
도대체 무슨 소린지 알 수 없는
불친절한 시도 아름다워지고 있었다
아무에게도 눈치 보지 않고
사물과 언어를 또록또록하게
말들에 생기가 살아 움직이는
그런 시를 쓸 수 있는 용기를
영혼에 쏟아붓고 있었다

낯설게 쓴 창작기법의
소중한 시집의 싸인
'반가운 만남 기억하겠습니다'
내 사물함의 보물이 되었다.

철쭉 바다

4월 철쭉꽃 만발할 때면
높은 준령 바래봉이 떠오르는구나
누가 저리도 어여쁜 색감을
온통 넓은 산에 뿌려 놓았는가
연분홍 새 각시의 볼에다
꽃 분홍 홍조 띤 입술로
사랑의 주술 꽃을 흩뿌려 놓았는가
철쭉꽃 터널 속에서
당신 모습도 보이지 않고
사진 속 나도 예쁘지 않구나
내 눈 속에 그대가 들던
어설픈 그 맹세가 떠오르는구나
푸른 하늘 흰 구름은
덩달아 눈웃음 가득 싣고서
하늘 꽃 열차에 동행하는구나
허허벌판을 물들이는 붉은 사랑
사람이 꽃이 되고
꽃이 사람이 되는구나
팍팍하게 살아가는 사람들아
생명의 본성
철쭉의 향연으로
하늘 열차 타고
추락해 보려무나.

분수와 물의 음악들

물의 흐름이
물의 유희가
튕기며
흩날리는
감성의 예술이다
눈을 감고 듣는다
물방울이
사라질까봐
조용히 다가와
내 몸속으로 흐른다
청록색
숲의 기류
머리에 끼얹는다
잃어버린 것들이
살물결로 떠돌고
탐욕한
눈들이
씻겨져 나간다
새로 찾아내고픈
나 속의 내 모습
물의 음악으로
투영되는 삶
우리 그렇게 살자.

아소산 분화구

퇴적층이 적갈색 줄무늬 분화구인데
뱀처럼 꿈틀꿈틀거리며 생명이 있는
땅속에서 용암이 저리 끓고 있구나
지층 저 깊은 곳으로부터
장작 군불을 지속적으로 지피면서
펄펄 떠도는 아소산 신비경이구나
마치 산호바다 성난 야수 얼굴로
미처 보지 못한 지하의 불구덩이인데
진초록 비취빛 호수 황홀경이구나
반항의 불기둥 땅속에 무진장으로
펑펑 유황을 내뿜는 살풀이에
사람들 넋이 나가 휘청대는구나

낮엔 온통 눈을 잠식하더니만
아궁이로 온천으로 스며든 증기
밤엔 뼛골이 녹아내리는구나.

산딸기를 찾아

밀짚모자에 장화까지 신고
유월의 숲 속으로 서서히
한참을 오르다보니
가파른 산 언덕배기 탐스런 산딸기
촘촘히 결실의 몸짓이었지
마치 그대를 기다리는
선홍빛 신부처럼
순결의 입술 꽉 다물고 있었지
행여 남이 낚아챌까봐
행여 누가 다가 올까봐
지독한 가시를 품었지
열 손가락 온몸 다 찔려도
가시 속 그대 딱 붙들고서
낚아채는 낚시꾼 되었지
산 중턱에 발붙이고
힘겹게 기대서서
바구니 속 복분자들
탐욕으로 가득 찼었지
내 것 남겨 놓으라며
까마귀 울어대는
미련 속 산울림 있었지
까악~까아악
깍~까악~

태양이 빛나는 조태일 시문학기념관

채광이 잘된 투명 지붕 아래
황토색 창작 공간이 산속에
길쭉하게 드러누워 있었다
태안사 대처승의
아들로 태어나
삼십 년 시세계가
무지개 벽에서
풀꽃이 꺾이지 않고 있었다
노을이 타는
산모퉁이에서
산까치 소리 등에 업고
풀씨가 날아다니던 고향이었다
미꾸라지 꾸물대는
진흙 밭 곡성강 가에서
풀씨를 노래한 시인의 피아노와
손 때 묻은 시인의 책상이
예순도 못 채운
민족시인의 삶이
찬란한 채광의 빛 속에서
따신 태양을 받들고 있었다
못다 핀 문학세계를 기리며
하늘과 햇볕 속에 살고 있었다.

네잎 크로버

클로버 동산에 가면
나도 모르게 네 잎 크로버를 찾는다
복권방에 가면
앞면과 뒷면에 뜨거움이 교차된다
순간의 선택에 서면
행복과 불행의 귀로에서 서성댄다
행운을 쫓다 보면
인생이 꿈이란 걸 그제서야 안다
내 안에 갇혀서 살다보면
세상 밖으로 나가야함을 깨닫는다
예순하고도 이만큼 살았으니
모든 삶에 애착을 털어버린다
힘든 건 다 놓아버리니
지난 삶의 흔적들이 가벼워진다
강가에 서서 나를 비추니
남은 삶이 강물처럼 살라 한다
왜 그리도 빨리 스쳐 지나갔는지
청제비 나래짓에
딸려간 세월이
돌아보며 회심의 미소를 띤다
나도 모르게
네잎 크로버
네 미련을 버리지 못한다.

새우케밥 타령

부산여고 21회 졸업

1.

부산여고 졸업 45주년 기념여행 1박2일 코스
거제도 장승포 애광원과 미륵산으로 향했다
230명의 장애인들과 교육생 160명들의 보금자리
이제 애광원 김임순 원장님은 구순으로 연로하시니
70년 헌신의 세월 앞에 저절로 고개 숙여지는구나
아주 작은 연분홍 새우를 온밤 지새도록 팔고 있는 내 친구
여고시절 전교회장이더니 애광원을 총책임지고 있구나
과연 그 어머니의 그 딸이로구나
케밥 하나 케밥 둘 케밥 셋 타령
밥에 솔솔 뿌려 먹으니 케밥이래
늦은 밤 잠에서 슬며시 깨어나
나도 덩달아 케밥 타령이구나
알콩달콩 구미를 돋우는 실치
그 어떤 그물로 잡았을까
촘촘한 채반으로 건졌을까
수염도 없는 뽀오얀 실치가
투명 비닐 속으로 사각사각
통영바다 청정을 낚아채 가는구나.

2.

산자락 표고버섯과 통영 다시마와 고춧가루
장애인이 구워 만든 빵맛도 일품이라
손수 만들어서 자급자족하는 애광원
많이들 팔아주고 아낌없는 찬조금도 내는구나
제 자식 키우기도 얼마나 힘들더냐
하루 세끼 밥상 차려! 70년을
장애인 수발! 70년을
사랑의 교육! 70년을
오늘도 지체부자유한 소년과 소녀들
한데 어울려 살아가고 있으니
한평생 영혼과 육체를 다 바쳐서
봉사해 오신 애광원 원장님께
힘찬 격려의 박수를 보내자구나.

3.

집으로 돌아가는 길
여고 동창들은 통영 다시마와 새우 케밥
뒷산에서 재배한 오미자차와 매실청 신토불이
꽉꽉 눌러 채운 우리 가방들은 모두가 불룩불룩
똘똘 뭉친 진한 우정으로 진정 행복한 만남이구나
거제도 장승포항에 위치한 수채화 같은 애광원이여
희망차게 반짝거리면서 사랑과 온정의 손길로
하루하루를 힘차게 살아가고 있으니 장대하구나
희생과 봉사와 사랑과 애정이
그 언제까지나 영원히 함께 할 애광원의 기적들
지금도 잊혀 지지 않고 아른거리는구나.

청령포는 영원하다

칼날 같은 동강은 콸콸
젊음의 눈빛 훑으며 씻겨가더니만
나룻배 없이는 오갈 수 없는
청령포에서는
귀한 몽돌 감싸며 흘러서 간다
서강의 진녹색 살물결 속
송림이 투시된
풍류에 취해버린다
숲과 강 사이 유유히 침식된
녹음 짙은 숲 그늘만이
때 묻지 않은
두려운 사랑이다
뒤로는 뾰족 봉 줄지어 버티고
앞과 좌우엔
시퍼런 소용돌이 강물만이
갇혀 살아야만 했던 청령포의 애환
도성만 바라보며 한숨 쉬던 노산대
단종의 망향탑 고고한 자태와
장송과 관음송 도도함 사이로
외로운 넋 기리며 휘돌아 나간다
죽어 흩어져도 반짝거리는 듯
역사를 거꾸로 안으며
서정의 발길 되돌리지 못함은
풋풋한 조상의 숨결 때문이다.

우연과 필연

섬진강과 곡성강이
양쪽으로 흐르고 있는
전남 곡성의 아침 안개는
온통 마을을 뿌우옇게 뒤덮어
안개가 장난이 아니었습니다
스승님은 서울서 하행선을 타시고
우리 일행은 부산에서
곡성행 관광버스를 타고서
영호남 수필 문학기행
전남 곡성으로 향했습니다
십 년 만의 만남이라
무소식이 희소식이라
안개 낀 곡성강 가에서
우연과 필연으로
딱 마주쳤습니다
제 삶의 소중한 수필 속으로
여행을 떠나시는 스승님
뜨거움이 교차되었습니다
행여 부산에 오시거들랑
맛깔스런 성찬에다
차비까지 얹어
필연으로 모시리이다
스승님.

마음의 다이어트

포기하니
이토록 편하다
자리 잡은 어느 욕심
오늘 하나 날려 보낸다
아까워서 버리지 못한
장롱 속의 옷처럼
켜켜이 쌓인 욕망
하나씩 펼쳐 보낸다
아직도 잊지 못한
그리운 그 얼굴도
내 마음 두근거려
다가오던 그 사람도
명예에 헐레벌떡
눈멀던 키 높이도
바람 따라 술술
책장이 넘어간다
왜 그리
욕심 부리고 살았는가
젊어서도 늙어서도
못 놓았던 미련들이
저리
낙엽 되어 뒹군다
비워지니 채워지는
산소의 텃밭이다.

제 4 부

아직도 잊지 못해

탈고하지 못하는 詩

어린 시절 뒤척이던
그리움 자락들이
감지 해변에 모여 앉아
몽돌의 젖가슴
마구 비비던 추억들이
젖은 내 안으로
다가올 때면
가슴 깊이
꼭꼭 감아둔 사연
성큼 샘솟을 때면
내가 사는 걸음 속으로
어김없이
찾아오는 너
날 순순히 따라올 때면
안개를 쫘악 비틀거나
이미지를 낯설게 하려
내 사랑을
은유의 장막으로
가리운다면
너와 내가
죄다
쓰러지기 때문이다.

사극 시리즈와 노인

새벽이 쓰러진다 아침이 달려간다
점심이 말을 탄다 저녁이 흐느낀다
한 번 보면 계속 본다
취미가 아니라 중독이다
눈만 뜨면 보고 온종일 보고
자기 전에도 꼭 본다
연속사극의 시리즈에 매료된 노인
극중의 인물 속으로
흥미진진한 스릴 속으로
온종일 행복한 표정이다
소년 시절과 청년 시절이
노인과 놀자며
마구 후리치는 팽이채
등의자에 기댄 당신이 웃는다
꽃을 피우던 시절이
마치 눈앞에 찾아온 듯
연속극이 아닌 실화로
청춘의 맥박이 뛴다
한 움큼 눈물을 퍼 올리다가
흥미진진한 징검다리 무사히 다 건넌 듯
착각하며 벙긋한 미소 훔쳐보던 날
그래도 내 곁에서 존재만으로도
든든한 당신의 결
황혼을 본다.

산중 일기

댓잎 살랑이는 산마루에 걸터앉아
머지않아 만개할 왕벚꽃 기다리며
정 두터운 널 떠올리고 있다
벚꽃 분분한 낙화 사이로
산 뻐꾸기 꾀꼬리 울어대는 동요
산천의 청춘은 여름을 향하여
마구 산바람 비벼대고 있다
임 부르며 읊조리는
산 까치 소리에
내 귓속 뻥 뚫리게 하더니
연녹색 저 여린 잎사귀들
이리저리 들볶고 있다
네게 보낼 꽃바구니의 엽서
가득 담아 채우고 있는데
머언 먼 숲들의 손짓 사이로
깍지 껴 다가서는
벙긋한 미소
시냇물 젊음과
황혼의 구름들
나란히
나란히.

하늘은 나에게

말초신경까지 진동을 일으켜
시인이라는 이름표를 달게 하더니
줄기차게 쓰고 또 써 내려가
밤새워 사색의 수필을 더듬게 하더니
우정의 꽃밭 속에서
늘 살아가라 하더니
젖은 손이 되어
음식을 베풀라 하더니
이제 일 적게 하고 귀한 자신이 되라며
고갤 들어 높은 하늘을 한 번 더 보라 하고
고향 바다를 항시 품에 껴안으라 하고
산을 보며 높이 오르라 하고
태양을 향해 끝없이 도전하라 하고
파도를 힘차게 맞부딪히라 하고
물안개를 마음으로 바라보라 하고
소나기를 흠뻑 맞으라 하고
달을 지켜보며 온밤을 느끼라 하고
별 따라 갈 길을 찾아 나서라 하고
바람을 마시며 마주 맞으라 하고
어둠이 오면 그냥 쉬어가라고 하고
귀한 글쟁이가 되라고 하고
귀한 여인이 되라고 하고
나는 분명 너 땜에
귀한 친구가 되라고 하네.

살찐 삼채

부추가 곤두서서
정구지들을 불러 모으는구나
대파와 상치도
너풀너풀
삼채를 흘겨보는구나
양파와 냉이와 마늘과 오이
매운맛 쓴맛 단맛 뒤집어쓰고
칼슘에 비타민과 유황까지
히말라야의 고랭지 채소가
신토불이가 되는구나
물만 흠뻑 주면
그늘도 좋아라며
포기로 성큼 자라는구나
낫으로 벼를 베는
쓱싹 쓱싹 싹뚝
풍만한 살결이로구나
줄기는 쌈 싸먹고
삼채나물 상큼해
고기반찬 잘도 어울려
뿌리도 한데 비벼먹는
식탁 위 변혁이로구나
쭈쭈빵빵 영양 만점
식탐을 불러일으키는구나.

행복이 별거더냐

별것이 아닌 일상이
소중하게 느껴지는 순간은
병원에 누워있을 때다
지금 내가 말할 수 있고
지금 내가 걸을 수 있고
들을 수 있고
볼 수가 있고
먹을 수 있음이
세상의 어느 것보다
고귀하다는 것을
미처 모르고 살았으니
이제부터는 시시한 것들도
곱씹어 보면서
이게 바로 행복임을
느껴 보면서 살아가리
아무런 병 없이 살아가고 있음이
가족과의 사랑이
이웃들과의 나눔이
무엇을 하더라도
내가 살아가는
지금 이 순간이
가득 찬 행복임을
다시금
깨달으면서 살아가리.

형제애

막내로 태어나 까무잡잡한 여동생
동생아 가까운 사람들 챙기느라
이제야 너에게 택배를 보낸다
나도 모르게 널 챙기고 있다
부산 음식이 한양으로 시집간다
주어도 또 주고 싶고 더 주고 싶은
이 마음은 부모님만 같단다
난생처음 쑥으로 빚은 쑥개떡을
서울 하늘 아래로 보낸다
큰 언니는 부모라 하지 않더냐
너무 무심한 세월만 흘러갔네
늦은 먹을거리 미안하다 죄송하다
카톡으로 찍힌 문자 속에
택배를 잘 받았으며 고맙다는 인사
왜 이제사 먹거리를 보내고 있는지
맛깔스런 반찬이
다음날 전해진다니
천리길 한양도
하루 만에 도착이라
이제사 언니 노릇하다니
진짜로 미안하데이
막내야
내 동생아.

무량수전 배흘림기둥에서

소백산 기슭 부석사의 무량수전
천혜의 명당이라 부르고 싶다
부석사 창건주인 의상 대사는
고려시대 때 이미 안목이 높으셨다
앞마당 터전에 자연석으로
크고 작은 돌계단으로 층층이
긴 석축으로 쌓고 또 쌓아 놓은
건축기법이 현대식 대리석처럼
장엄하고 우아함을 지켜보았다
무량수전 배흘림기둥에 기대서니
발아래 겹쳐진 아득한 산들은
마치 구름같이 포개져 있었다

수백 년 세월 동안 그 석축들이
이끼 물며 하나도 흔들리지 않고
자연 그대로 편안히 고고하게
슬기로운 역사의 향기를 품고서
후손들을 끌어당기는 매력으로
무량수전은 지긋이 미소 지었다
탁 트인 시야로 모조리 훑어보듯
눈 아래로 죄다 볼 수가 있다니
포개지듯 쭈욱 나열된 산의 능선들
장대한 수채화는 대하드라마였다.

부딪쳐라

겁내지 말고
부딪쳐라
아니 부딪치면
또 후회하리라
부딪치면서
척척 나아가는
꼬마 화가는
백지만 주면
예사롭지 않다
이 세상 모두를
그리고
또 그린다
레일에 부딪치는
바퀴처럼 척척
캐릭터들이
굴러간다
나도
그대들과
부딪치고
부딪치리라.

나이는 숫자일 뿐

즐거움은 희망을 부른다
여가수의 노래가 날아온다
싱싱하다 나를 각성시킨다
쓸쓸히 늙어가는 사람들
숨을 죽이고 앉는다
삼류가수의 타령이 아닌
밝은 향기가 퍼진다
저 깊은 사유의 노래
터져 나오는 청춘의 영혼
산수유 봄 그 속으로
오월의 연가다
팔순의 나이에도
꽃잎은 하염없이
흥겨운 천국이다
듣기만 해도
주름살은 사라지고
몸까지 흔들리는
요동치는 맥박이다
철철 넘치는 광기
나이는 숫자일 뿐이다.

장산 원각사 달빛금차 체험

장산 400고지 원각사에 오르니
발아래 탁 트인 해운대 시가지 너머
눈부시게 펼쳐지는 향연
해운대 쪽빛 바다
바닷바람은 휘리릭
장산 자락으로 사정없이
해풍을 통과시키고 있었다
온밤은 황홀하게
녹차 밭으로 쏟아지는 달빛까지
듬뿍 머금고 자라난 달빛 금차
산언덕 녹차 밭으로 향했다
아침의 산사에 싱그러운 녹차 향기
바구니 곁에 끼고 찻잎을 따는 처녀
언덕에 붙어 서서 한 잎 두 잎 바구니에
어린 잎만 똑똑 누가 누가 많이 딸까
벌겋게 달아오른 가마솥 안
녹차 잎 쏟아 붓고 찻잎을 덖었다

수분과 불순물이 제거되듯이
덖고 또 덖어가기를
누차 반복하는 체험
온통 홍안으로 길들여지는 육신
그저 얻어지는 것이 없거늘
노력과 땀방울 참아낸 결실 앞에
쏘옥 줄어든 귀중한 녹차의 몸결
일당으로 받아 든 달빛금차 한 봉지
그것은 마치 수행의 과정이었다
그윽한 달빛금차
목젖을 타고 내려가는데
할 말을 잃어버린 글쟁이들은
넌지시 시의 젖줄에
입맛을 다졌다.

워터 파크
-water Park

그냥 물놀이가 아니다
물에 겁먹던 소녀도
고무 조끼 걸친 인어공주
유영을 즐기고 있다
키보다 깊은 물속인데
유치원 아이 나가신다
어른 아해 할 것 없이
모조리 두리 두둥실
빠른 급물살 타고
휘돌아 즐기는
회전목마의 무대다
할미는 소녀가 되고
엄마는 아이가 되고
아이는 어른이 된다
폭포수 아래 뒹구는
끊임없는 웃음소리
행복한 특급열차
용궁나라 설국열차다.

죽성초등 학예발표회날

-2014. 11. 21.

그날의 감격이 지금도 생생하다
전교생 80여 명의 기장죽성초등학교 학예발표회 날
그토록 풍성했으면 기장군청 대강당에서 펼칠 걸
유치부 교실을 꽉 채운 학부모들은 마냥 설레었다
6세 유치원생들의 앙증스런 사물놀이로 시작되었다
번쩍번쩍 '쿵푸파이팅' 작은 나래 짓이 고품격이었다
저학년들의 '써니" 댄스타임은 환희의 약동이었다
죽성 바다 은빛 물결도 출렁출렁 춤을 추는 듯
해풍에 그을린 아이들이 찬란히 팔딱거리고 있었다
음악줄넘기 스포츠는 씩씩한 우리들의 미래였다
영어뮤지컬은 호주와 화상수업을 하는 듯 유창하였다
'심청전' 연극도 영어로 술술 심봉사의 연기도 일품이었다
5학년 열 명의 난타 공연으로 흥분이 고조될 무렵
바이올린과 피아노 연주 은은한 플루트 앙상블 2중주까지
'라인댄스' 율동은 찌든 삶의 걸망을 흩날리고만 있었다
큰북 앞에 앉아 북채를 휘날리고 있는 꽉 다문 꼬막입술들
일체 하나 되는 통일의 합주는 마치 화랑의 후예 같았다
선조의 도복 입고 나타난 궁예의 활쏘기 대회 앞에서
재치 있는 활솜씨로 과녁에 딱 명중함에 넋을 빼앗겼다
국궁 스포츠와 태권도 그리고 현란한 무용 솜씨들
분주히 셔터를 눌러대느라 행복한 찰나였다
어찌 두 달 만에 이토록 잘 가르칠 수가 있겠는가

영어교육에다 예능을 접목한 무용과 연극과 뮤지컬까지
할 말을 잊은 채 돌아서는 학부형들의 얼굴에서는
해바라기 웃음꽃이죽성 운동장을 온통 데우고 있었다
혼신의 열정으로 우리의 미래들을 가르치고 계신
모든 선생님들께 힘찬 격려의 박수를 보냈다.

진정 헌신적인 교육의 성과는 압권이었다.

산속의 49재

마지막 떠나보내는
영혼의 영결식
육신은 가버린 침묵 속
두려운 무아지경의 세계로
죽음의 허무를 띄워 보냅니다
잠잠하라 중생들이여
산속에 울려 퍼지는 극락왕생
두 손 모아 기원하옵니다
살면서 아낌없이 쏟아부은
따뜻한 보살핌과 헌신들
그 지극하셨던 큰 은혜
진정코 행복하였습니다
당신이 남기신 고귀한 사랑은
한 평 땅의 비석이 되어
느낄 수만 있는 물결이 되어
잊히지 않는 흔적이 되어
저희들 가슴속에서 영원히
기쁠 때나 슬플 때나
참선의 매를 때릴 것입니다
이제 온갖 번뇌를
다 풀어 놓으시어
가벼운 발자취로
훨훨 떠나가시옵소서.

순천만 갈대밭

저 광활한 몸부림이
거센 바람의
기운을 다 몰아
와락와락
상모춤을 휘날린다
상처 입은 영혼들 일제히
파도를 타고간다
철새 등에 업혀서
도도하게
뽀오얗게
당당하게
꽃마실 흩날리며
솜사탕을 타고 간다
오늘 초대 받은 영혼들도
천상의 향연까지
우정도 사랑도
못 잊어 못 잊어서
추억 마차를 타고 간다.

위대한 탄생

전차가 다니던 시절 까까머리 소년은
영도다리를 단숨에 건너다녔다
야생의 갈매기 떼 꺼윽꺼윽
부산항에서 꿈과 이상을 품었었다
검푸른 파도의 물결 타고서
용기와 기백을 듬뿍 받았고
영도다리 난간 위에서
만남과 이별과 상생도 익혔고
상실의 아픔과 기다림
도전하는 인내도 터득하였다
영도초등, 부산중, 경고
서강대 청년 시절까지
수많은 담력을 키웠었다
희망차고 활기찬 부산
모두가 일하면서 행복한 부산
눈부신 비상의 항구 도시 부산
찬란한 염원을 가슴속에 품은 채
이제 2014년 7월 1일 위대한 탄생
서병수 부산시장님의 취임식 날이다
자! 우리 모두 철철 넘치는
야심찬 축배의 잔을
더 높이 치켜 들자구나!

인연을 향기롭게
-Fragrance of the Fate

안평역 종점에 위치한 청량사
차향 가득한 가을 산사에서
열린 차 문화축제 "인연을 향기롭게"
사람과 사람과의 만남으로
맺어지는 귀한 인연으로
따스한 녹차 한 잔 마시고
말차 한 잔 받들어 음미하면서
작설의 차향에 취해보던 날
목젖을 타고 내려가는
은근과 끈기의 명상들
낙엽 되어 흩어지는데
저 산에서 내려 와 팔을 벌리고
가슴을 펼치는 이상의 돛단배
문화예술장학회로 닻을 내리니
만인의 가슴이 술렁거린다
산속에 울려 퍼지는
새벽 기도는 향기로운 도량
온갖 번뇌를 후리치면서
참선의 매를 때리는데
살면서 어떠한 잘잘못이
씨줄과 날줄에 모조리 걸리니
어느 때 그대 앞에 머무를 것이며
향기로운 인연으로 다가갈 것인가.

지금 나의 사막은

모래바람 후리치는 얼굴이다
겨울 숲에 불어닥친 바람이다
걸어온 발자국에
수북한 먼지다
온통 멍이 든 심장이다
벙긋이 웃고 있는 눈물이다
싸늘히 식어버린 미역국이다
퉁퉁 불어 퍼진 라면 사리다
코흘리개 빛바랜 사진이다
사각의 방에 꿈틀대는 먼지다
꼬물꼬물 고개 드는 반항이다
그래도 끄떡이는 수긍이다
묵묵히 받아들이는 사랑이다
심성이 곱다는 위로이다
금연 실시 맑은 얼굴이다
저절로 깨달은 참 인생이다
자격증에 도전하는 희망이다
청소할 수 있으니 정말 좋다
살아 있기만 해도 행복하다
긍정하다
모든 것을 긍정하다
지금 나의 사막은
꽃이 피었다.

우리 민조시 3000수를 건져

1.

영원히 죽지 않는 詩 쓰고 싶어
안개를 무작정 헤치며 걷네
물안개 흩어지는 모래밭의 바다
인생은 빈손으로 훨훨 떠나가네
첫사랑 설레임 떠오르면
아직도 잊지 못해 치마폭에 숨네
연인들 바라보면
그대 눈빛 속의 사랑 붙잡으려 하네
쓰촨성에서 부쳐온 보이차
돈으로 살 수 없는 우정을 마시네
밀양강의 한없는 유혹 앞에서
달콤한 옛사랑이 고백을 하고 있네
고로쇠 마시면서
아리아리 아리랑 고개 잘도 넘어가네
피아골에 와서 담그니
탐욕에 저린 육신 몽땅 헹구어지네
등기로 배달된 십만 원 수표 한 장
진한 우정 매달려서 돌아가고 있네
지리산 불일폭포에 오니까
줄기 찬 폭포수가 인생을 야유하고 있네

콘테이너만큼 큰 무지개가
내 눈앞에서 생생히 펼쳐지고 있었네
영도다리 난간에 기대니
다리야 날 살려라 마구 치닫고 있네
천태호 굽어보는 내 품에
배려로 가득 찬 그대가 스며드네
용궁사 108계단은
번뇌의 해탈로 천국을 보여주고 있네
여여정사에 와서 자신을 되돌아보니
참선의 깨달음 반성이 밀려온다네
순천만 갈대밭 천상의 초대
우정과 사랑이 새털 마차를 타고 가네
실로암 산속에서 겨울비 맞으면서
널 잊지 못해 비눈물 흘렸다네
우리 민조시는 18언 절구
우리네 가슴속에 있네.

2.

손가락 지문들이 쉴 새가 없는
스마트 폰 세상은 요지경 속이로구나
세월아 나도 몰래 너도 몰래
언제 이만큼 흘러와 버렸느냐
저토록 아름다운 하늘이 있어
뭐가 그리 바빠 동동거리느냐
청춘을 환원하는 그대 목소리
메마른 가슴에 한 줌 희망이로구나
더워요폭폭찌오 바다가 그립소 그대가 그립소 만나고 싶소
첫사랑 엽서 한 장 두근대며 설레이던 연서로구나
아가의 하얀 살결에 입 맞추면서
인생의 환희와 용서를 느끼는구나
온몸에 사랑 가득 껴안고 걷는 여인아
만삭은 탄생의 기쁨과 삶의 희열이로구나
수련은 오후 2시 이후에는
꽃술을 딱 닫고서 휴식을 취하는구나
네 목소리 맑게 새겨져 잊지 못해
어떤 그리움이 발목을 붙잡는구나
아버지 꿈틀대는 고향 바다에 돌아와
어느 날 어느 때 눈시울 적시는구나

갈매기 너울대는 항구의 불빛 아래
첫사랑 눈동자 밀물처럼 아롱지는구나
나 항상 그대 속에 살고 있으니
지금도 가슴 설레이는 첫사랑이구나
삼십 대 아기 엄마 언제 스쳐지나가
내 딸의 아기 엄마 수발을 드는구나
사십 대 학교 엄마 동동거리다가
손주들 뒷바라지 또 동동거리는구나
비가 오나 눈이 오나 바람이 불어도
우유 배달 구루마를 15년 동안 끌었구나
오십 대 주부 노릇 무르익어서
거친 손 어루만져 보는구나
육십 대 할미 노릇 진을 치면서
흰머리 염색작전 거울 앞이로구나
훨훨 삼라만상 좌판 위에서
장작을 패는 창작이로구나.

詩를 춤추다

여인은
춤을 추고 있었다
온 몸을 오므렸다 폈다
시의 교감에 젖은 채
오랜 침묵이
탈출하고 있었다
나 홀로의 연가는
실크를 흩날리듯
그대 기다림은
저고리를 여미듯
허공을 향하여
몸부림치는
소리詩의 퍼포먼스
여인은 불새 가 되었다
잊지 못한 그리움
파르르 떨었으며
얼룩진 상처마다
하염없이 돌고 돌아
다람쥐 쳇바퀴 속
허무의 얼룩으로
훠어이 훠어이
무대를 풀어헤치더니
무당의 바람으로
관객을 삼켜버렸다.

시인의 눈

지팡이가 되는 노모의 유모차와
폐지를 잔뜩 실은 노모의 유모차가
내 시선을 멈추게 하던 날
땀방울 훔치면서 한숨 쉬니
칼바람에 휘날리는 환상들이
비탈길에서 휘청 휘청거린다
꾸부정 기역자 그림자가
수레바퀴를 밀고 가는데
중량에 마구 딸려서만 간다
동냥으로 차곡차곡 모은 폐지는
허리 한 번 제대로 펴보지도 못한 채
한나절 헛기침에 쌓여만 간다
키 높이 보다 훨씬 높았으나
일당으로 거머쥔 천 원짜리 지폐들은
눈물로 얼룩진 허기를 달랜다
노모는 유모차에 포근히 실려서
골 깊은 미로를 달리고 싶다
언덕 길 돌돌돌 끌려가는 그 이유
집나간 며느리대신 도맡은 손자들
굶겨서는 안 되기 때문이라고
오늘도 내일도 모레도
인고의 수레바퀴는 언제나
굴러가야만 한다고.

난 말이야

나 자신조차도 모르게
15권의 시집을 상재한 부지런함에
힘찬 박수를 보내고 싶다
무엇을 보든지 간에
詩가 꿈틀 거린다
의식과 무의식의 경계선에서도
詩가 인식되고 있다
부도를 맞은 친구의 눈동자 속
표류하는 돛단배도 보인다
자신이 못 이룬 작가의 길을 가라면서
사과상자에 실려 온 50년 전의 책들은
1965년 광복동 야시장에서 15원 구입
1966년 보수동 헌책방에서 20원 구입
누렇게 탈색된 죽마고우의 고서들은
지금도 내 맘을 설레게 한다
네가 못 이룬 글쟁이의 꿈을
나보고 대신 이루라던 배려

난 말이야
이런 친구를 둔 까닭에
한 치의 소홀함도 용납할 수 없었다
오늘도 너는 내게로 달려와
진한 우정 어린 눈빛으로
넌지시 웃고만 있다.

삶의 깊은 내포와 따뜻한 사랑의 눈

임종성 (시인, 문학평론가, 문학박사)

1.

서정시는 자아와 세계의 동일성에 내재되어 있다. 여기서 동일성이란 자아와 세계의 일체감을 의미한다. 시인이 의식적으로 자아와 세계의 일체감을 추구하는 데는 두 가지 방식이 있다. 즉 동화(assimilation)와 투사(projection)이다.

동화란 시인이 세계를 자아의 내부로 끌어들여서 내적 인격화하는 세계의 자아화이다. 자아와 갈등 관계에 있는 세계를 자아의 정서, 가치관, 세계관 등에 접선하여 동일성을 이룩하는 것이다.

또한 투사란 대상인 사물을 자아의 의지와 욕망에 따라 자아화 하는 것이 아니라 세계에 영합하지 못한 삶의 자세와 정서를 감정이입 하여 사물과 자아와의 동일성을 갖는 것이다. 이것은 세계 속에서 자아를 찾는 방식이다.

2 .

따스한 눈길로
마주 바라보며
설레임으로 가득
속삭인다
맑은 마음 드린다

상처 난 말일랑
아예 하지 말고
따사로운 말로
사랑을 나누며
진정 도와야 할
그 무엇들이 없는지
가슴으로 고민하며
나는 너에게
너는 나에게
배려에 여울지는
그런 손님으로
한 번 왔다가
미련 없이 떠나가는
결국 우리는
세상 속으로 의 손님이다.
[그런 손님으로]전문

시의 행간에서 화자는 이 세상에 온 자기를 손님으로 이해하고 있다. 그래서 우리는 〈나는 너에게/ 너는 나에게/ 배려에 여울지는 그런 손님〉이며, 〈한 번 왔다가 미련 없이 떠나가는 우리는 세상 속으로의 손님〉인 것이다.

T. S엘리어트의 [칵테일 파티]에 보면 "누구나 손님들은 남이 나온 자리에 자기도 초대를 받아 나왔다는 것을 좋아하는 것이거든요"에서 보이듯 손님은 오래 남의 집에 머물기가 쉽지 않다. 왜냐하면 손님은 예외 없이 자리를 빨리 뜰 때 환영 받기 때문이다.

사람은 이 세상에 일정한 기간 머물다가 가는 손님이라는 자각은 아주 성숙한 자세이다. 그런데 세상 안에 있는 사람은 다른 사람과의 교감하거나 사물, 어떤 대상과의 거리를 좁혀야 하는 경우가 없지 않다. 다리의 역할이 필요한 것이다.

새 생명이 늘 솟구치던 영도다리
오동나무 선착장 난간에 앉아
삐거덕거리면서도 웅장하게
줄기차게 치켜 물구나무서서
하늘이 외치던 그 자세 그대로
늘 콩심장이 두근거리는구나

갯바람 항구의 고향바다
만남과 이별의 손수건 사이로
내 볼과 목을 애무하던 청춘
야생의 갈매기 떼 끼윽끼윽
그 눈부신 낭만들 속으로
여수 여객선 넘나드는구나

상실의 아픔이 사무치던 곳
스스로 떠나감에 흐느껴 우는 듯
갯내음 맑은 숨결 그 풋풋한 얼굴들이
오늘 따라 왜 그리 보고 싶은지
열 살 적 팔월 벌거숭이 환상여행
피둥피둥 달려와 날 적시는구나

돌아보면 어찌 잊으리
바닷가에 마실 나온 너와 나
그래도 길 잃은 꿈 주우려

여명의 수평선 웃음소리 주우려
예순하고도 이 만큼 더 살았으나
온종일 아이처럼 서성이는구나.
[영도다리] 전문

G. G 바이런은 [차일드 헤롤드의 순례]에서 "나는 베니스에서 / 양손에 궁전과 감옥을 쥐고/한숨의 다리 위에 서 있었다." 고 긴박한 실존의식을 드러낸 바 있다. 이러한 다리는 삶의 내포와 외연의 가장 먼 양극을 좁혀 주는 힘으로 작용한다.

화자 앞에 놓인 영도다리는 단순한 풍물로서 섬과 뭍을 이어 주는 가교의 의미를 넘어 우리나라 현대사의 상징물이다. 6.25 동족 상잔이라는 비극으로 말미암아 피난 내려온 동포들의 애환의 실상을 그대로 보여주고 있기 때문이다.

〈갯바람 항구의 고향바다〉인 부산에 있는 〈상실의 아픔이 사무치던 곳〉이다. 이 다리는 〈바닷가에 마실 나온 너와 나/ 그래도 길 잃은 꿈 주우려〉 할 때, 그 꿈을 찾아 주는 정신적 외상을 다스려 주는 서정적 가교이다.

촉석루 위에서
내려자 본 남강은
유유히 스쳐가는
선조의 숨결이다
숭고한 혼 논개의 투영은
너럭바위 끝자락 춤사위이다
거북섬 돌섬들의 암시는
우포늪의 발길이다
낙락장송 바위틈 지층은
퇴색된 삶의 목청이다

바스러지는 돌흙 어루만지며
사백 년 전 황포돛단배 타고
실려 감은 꽃 청산의 그림자이다
겹 벚꽃 칭칭 흐드러진
터널 속으로

사랑도 고통도 실려서 가고
쾌락과 탐욕도 실려서 가고
[촉석루 위에서] 부분

뼛속까지 묻힌 겨레의 정신적 외상은 현대사에만 있지 않다. 오래된 시간을 거슬러 오를 수 있다. 화자의 눈길은 진주 촉석루에 와 머물고 있다. 촉석루는 우리 겨레의 〈사랑도 고통도 실려서 가고/ 쾌락과 탐욕도 실려서 가고〉 있는 정서의 자리이다. 화자는 늘 어딘가를 떠나 움직인다.

내 피로한 꿈들이
퇴색해가는 가을
어느덧 해가 기울고
어둠 속에 내 몸을 얹어
간이역을 찾고 싶다.
[간이역]부분

역에 나간다는 것은 낯선 곳이나 낯선 일에 대한 새로운 정서적 접선이다. 화자는 하루에 몇 시간, 한 주일에 하루라도 과도한 생존의 긴장에서 풀려나고 싶어 한다. 니체는 삶이 중요한 것이 아니라 삶의 의미가 중요하다고 말한다. 삶 자체만 강조하면 생존이 되고 만다. 과잉과 빈약 사이에 알맞은 조절이 있어야 한다.

사람들은 저마다 찾고 싶은 섬이 있다. 그것을 찾으려면 항구에서 떠나야 한다. 낯익은 항구와 헤어져야 한다, 떠남이 없다면 섬도 없는 것이다.

내 안에 밀물 치는 희망의 문을 향해
마음 속 어둠을 끄집어내어

밝은 햇살로 비추어본다.
살면서 행여 가면의 옷을 입고
진실을 외면하며 살진 않았는지
다시금 반성해 본다.
[조율]부분

모든 사람은 얼룩덜룩하고 울퉁불퉁한 내면의 불안한 얼굴을 가지고 있다. 그래서 화자는 〈내 안의 밀물 치는 희망의 문을 향해/ 마음 속 어둠을 끄집어내어/밝은 햇살로 비추어 본다〉에서처럼 희망의 문을 여는 것이다.

그런데 사랑하는 사람은 사랑을 실천하는 사람의 길로 나선다. 진정한 사랑을 하는 사람은 언제나 상대를 자신을 타자로 생각하여 자신과 분리된 개별적인 자아를 지닌 사람으로 받아들인다. 진정한 사랑을 실천하는 사람은 늘 사랑하는 사람의 처지에서 개별성을 존중해 준다.

사랑하는 사랑의 개별성을 존중하지 못하고 일방적으로 자신만을 내세우면, 그것은 사랑이 아닌 자기 소유에 집착하는 것일 뿐이다. 흔히 사랑에 빠진다는 것은 진정한 의미의 사랑이 아니라 성적 욕망과 다름없는 애욕의 경험(sex-linked erotic experience) 것이다. 이러한 의미와 연관 지어 보면

진정한 사랑은 자기 자신이나 상대의 의지와 연관되어 있다. 그래서 화자는 자기 안에 사랑의 샘을 지니고 있다.

줄줄 땀방울들 사이로
산들바람 식혀 주는
고마운 사랑으로 식혀 주는
고마운 사랑으로 남아 있는
그대의 미풍이고 싶어라
이 세상 절대로

포기할 수 없는
진국의 사랑으로 남아 있는
그대의 영혼이고 싶어라.
[사랑으로 남아 있는 사람]부분

화자는 언제나 의식의 내면에 〈고마운 사랑으로 남아 있는 그대의 미풍〉을 부르고 싶으며 〈진국의 사랑으로 남아 있는 /그대의 영혼〉을 받들고 싶은 것이다. 그러나 삶의 현실은 화자의 자아를 편안하고 자유롭게 놓아 주지 않는다.

매일마다 수많은 일 속에서
나 자신은 간 곳이 없고
나 자신은 잊어버리고
중량에 떠밀리고
보살핌에 지치고
부지런히 사는 삶이
다 옳은 줄 압니다
살다 보니 그 속에는
나 자신이
마치 그림자처럼
줄줄 따라 다닙니다
내가 없습니다
남태평양 피지 섬
옥색바다 글밭 속에
내가 있습니다
비로소
내가 벙긋이
웃고 있습니다.
[재충전]부분

화자는 〈매일마다 수많은 일 속에서 /나 자신은 간 곳이 없고/ 나 자신은 잊어버리고〉의 행간에 비쳐 나오는 것처럼 자아가 상실되어 있는 것을 자각하게 된다. 먹고 살기 위한 일에 짓눌리는 일상에도 불구하고 주위에 사랑을 나누어 주고자 하는 모성적 자세는 매우 훌륭한 미덕에 가깝다. 이러한 자아의 사회화는 〈부지런히 사는 삶이 / 베풀며 사는 삶이 /사랑하며 사는 삶〉의 길을 드러내고 있다.

3.

시인이 새 시집을 내는 것은 주머니를 비우는 것 같기도 하고, 새 물을 담기 위하여 고인 물을 비워 주전자를 닦는 일과 다르지 않다. 새로운 작품을 담기 위하여 시의 그릇을 깨끗이 비워내는 작업이다.

송다인의 시는 그저 피어난 꽃이 아니라 손님이 오지 않거나, 왔다가 떠난 뒤를 가리지 않고 한밤중이든, 아침이든, 대낮이든, 아무 때나 어디서나 피고 싶을 때 피어나는 꽃이다. 그의 시는 늘 아침에 피는 눈부신 꽃을 지향하고 있다. 그래서 내용의 분량이 넘치는 것은 부실이나 과잉이 아니라 충족한 미덕이다.

서정시는 자아와 세계의 동일성에 내재되어 있다. 시인이 의식적으로 자아와 세계의 일체감을 추구하는 데는 두 가지 방식이 있다. 동화란 시인의 세계를 자아의 내부로 끌어들여서 내적 인격화 하는 세계의 자아화이다. 자아와 갈등 관계에 있는 세계를 자아와 정서, 가치관세계관 등에 접선하여 동일성을 이룩하는 것이다. 투사란 대상인 사물을 자아의 의지와 욕망에 따라 자아화 하는 것이 아니라 세계에 영합하지 못한 삶의 자세와 정서를 감정이입하여 사물과 자아와의 동일성을 갖는 것이다. 이것은 세계 속에서 자아를 찾는 방식이다.

송다인 시인 (작품실적) 자료 및 대표적인 성과자료 (언론 보도, 평론 등)

1. 1999. 10. 14. 첫시집 「울타리」 간행, 도서출판 빛남.
2. 2001. 9. 1. 제2시집 「능금나의 사랑」 도서출판 푸른별.
3. 2003. 1. 2. 제3시집 「비상을 꿈꾸는 새」 도서출판 다층.
4. 2004. 7. 1. 제4시집 「물결」 도서출판 전망.
5. 2005. 9. 7. 제5시집 「쉼없는 열정 그리고 사랑」 도서출판 다층.
6. 2006. 4. 7. 제6시집 「지큐의 독백」 도서출판 해암.
7. 2007. 6. 25. 제7시집 「다시금 일어나 길 떠나네」 도서출판 해암.
8. 2008. 4. 7. 제8시집 「내미는 손」 도서출판 해암.
9. 2009. 6. 9. 제9시집 「오카리나를 불면서」 도서출판 한국디지털도서관.
10. 2010. 4. 23. 제10시집 「장미라는 이름으로」 도서출판 두손컴.
11. 2011. 5. 1. 제11시집 「가만히 너를 즐긴다」 도서출판 두손컴.
12. 2012. 5. 10. 제12시집 「인연을 쏘다」 도서출판 청옥.
13. 2014. 봄날. 제13시집 「오늘에 충실하다」 도서출판 청옥.
14. 2014. 12. 6. 제14시집 「민조시 3000수」 도서출판 청옥.
15. 2015년 5. 1 제15시집 (영도다리) 도서출판 청옥.

2001. 9. 21. 제2시집 「능금 나의 사랑」 국제신문 게재.

2001. 9. 9. 제2시집 「능금 나의사랑」 중앙일보 게재.

2001. 12. 19. 제2회 노천명문학상 시부문 본상 수상, 한국시 연구협회시상.

2001. 12. 29. 노천명문학상축하전문, 이 회창(한나라당 총재) 답신.

2002. 1. 24. 노천명문학상본상수상, 부산일보 게재.

2002. 봄호. '열린 가슴 따뜻한 시선으로 세상을 보다', 서울 (객석)잡지 게재.

2002. 7. 30. '사라지는 저 불빛 저 소리', 새수영 여름호 게재.

2002. 겨울호. 詩 「절영도의 일기」와 「갈대밭 언덕에서」 (다층) 계간문예 게재.

2003. 1. 25. 제3시집 「비상을 꿈꾸는 새」 중앙일보 책꽂이 게재.

2003. 봄 詩 「내 제비야 날아라」, 국제예술인협회초청 축시 낭송 KBS무대.

2003. 3. 7. 제3시집 「비상을 꿈꾸는 새」 매일경제신문 게재.

2003. 11. 2. 제17회 시의 날 백일장 심사위원 위촉.

2003. 겨울. 詩 「동백섬의 꿈」, 「문학과 겨울바다와의 만남」 태종대 프리즘 무대.

2004. 6. 28. PSB뉴스 「오늘의 책」 제4시집 「물결」 방영.

2004. 7. 16. 제4시집 「물결」 시평 「절망 꺾는 희망이고 싶다」 부산일보 게재.

2004. 9. 1. 詩 「여름밤의 수변공원」 새수영 가을호 게재.

2005. 가을. 詩 「태종대 등대에 앉아」, 「내 제비야 날아라」, 한국시학 105인 신작모음 게재.

2005.가을. 詩 「동백섬의 꿈」 APEC 영역시집 시인 선정.

2005. 4. 7. 대한민국 모범인 대상, 모범 시인상 수상, 소년중앙일보.

2005. 7. 24. 제1회 독도예술제 시부문 대상 수상, 「독도」 시외 9편 수상.

2005. 8월호. 제5시집 「쉼 없는 열정 그리고 사랑」 시사포토뉴스 잡지 게재.

2005. 12. 21. 詩 「수영구의 휴식」 수영사이버공모전 은상수상.

2006. 10. 31. 詩 「광안리수변공원의 풍경」 수영구민 '시와 음악의 밤' 축시 낭송.

2006. 가을. 詩「해마다 5월이면 함평으로 가리」 함평군수 '이석형' 답신.
2006. 10. 수필「옛날과 현재를 이어주는 통로」 새수영10주년 기념 게재.
2006. 12. 詩「빛과 소금」, 봉생문화상시상식 축시 낭송 부산일보 10층대강당.
2007. 1. 22. 서울문학회 창립한 '라르스바리외' 스웨덴대사 친필답신,
Book of Poetry.
2007. 6. 25. 제7시집 발간 시평,「쉼 없는 열정으로 다시 길을 떠나네」
국제신문연재.
2007. 8. 詩「모운동의하룻밤」 낭송, 대한민국시인대회
(제11회 난고 김삿갓탄생 200주년) 축시낭송.
2007. 9. 10. 詩「감지해변」, 국제신문「국제시단」 게재.
2007. 10. 21. 詩「을숙도의 낙조」 부산여고 총동창회지 16호 게재.
2007.12.7. 롯데백화점 센텀시티점 개장식날
오픈 초대시인 詩〈비상을 꿈꾸는 새〉 축시 낭송.
2007. 12. 22. 詩「천년의 약속」 동아대학교총동창회 축시낭송,
롯데 크리스탈볼룸 무대.
2008. 5. 28. 詩「우리는 모두 무엇이 되어」 영도초등 개교 100주년
기념 축시 낭송.
2008. 가을호. 詩「남해안으로 떠난 여고시절」 남해군 '보물섬' 게재.
2009. 6. 25. 제9시집「오카리나를 불면서」 '기장사람들' 제165호 게재.
2009. 7. 2. 제9시집「오카리나를 불면서」 시평, 국제신문 게재.
2009. 8. 31. 제9시집「오카리나를 불면서」 한국경제신문 게재.
2010. 8. 3. 제10시집「장미라는 이름으로」 국제신문 게재.
2010. 여름호, 詩「장승포의 유산 애광원」 남해 '애광원' 신문게재.
2010. 10.「부산여고졸업 40주년을 맞이하여 떠난 여행수기」
부산여고총동창회보 게재.

2011. 4. 7. 詩(봄소풍), 부산시청로비(수요콘서트) 축시 낭송.

2011. 5. 1. 제11시집 「가만히 너를 즐긴다」 상재함, 도서출판 두손 컴.

평론 「즐김의 바다시학」, 정영자 문학평론가, 부산문협 회장.

2011. 여름호 수필 「우연과 필연」 시와 수필사 게재.

2011. 8. 詩(독도), 부산경제신문 게재.

2011. 가을호, 詩 「선운사의 가을」 봉생문화재단 계간지 게재.

2011. 가을, 전국시인축제 詩 「새들도 잠 못 이루는 밤이 있다」

부산대표낭송, 백담사 무대위 시낭송.

2011. 10. 4. 제11시집 「가만히 너를 즐긴다」 시평,

「기장의 산하를 노래하다」 기장사람들 게재.

2011. 11. 15. 詩 「도령 호수」, 한국문학신문게재.

2012. 1. 21. 詩 「희망열차4호선」, 국제신문 「국제시단」 게재.

2012 봄, 詩 「청포도」 온천천 윤슬길 시화전전시.

2012. 봄호 수필 「한류열풍아 숲을 싣고 가다오」, 시와 수필사 게재.

2012. 5. 1. 수필 「죽성바다 언덕에 앉아」, 기장사람들(독자마당) 게재.

2012. 6. 4. 제12시집 「인연을 쏘다」, kNN뉴스 (오늘의 책) 방영.

2012. 7. 30. 詩 「금곡역하차」 부산시 부전역사 시화전 개막식 전시.

2012.10. 17. 詩 「시를 쓰는 이유가 뭐니」 크리스천 경남신문 게재.

2012. 10. 21. 수필 「비오는 유엔 기념공원」 부산여고 총동창회지 21호 게재.

2012. 11. 제11시집 「가만히 너를 즐긴다」 이해인시인 답신.

2012. 가을호 詩 「신안소금 한 자루」 남해군 「천사섬 신안」 60호 게재.

2012. 12. 부산문인협회 50주년 인명사전 p252 송다인시인 등록.

2012. 12. 30. 부산시인협회 40년사 p466 연재, p411 한국시낭송회회원 게재.

2012.겨울호 수필 「토암도자기 공원에서」 시와 수필사 게재.

2013. 3. 1. 詩 「태극기가 유난히 펄럭거렸어요」 제1회 스피치동화구연대회

축시 낭송.

2013.4.1. 수필 「레미제라블 명화감상」 기장사람들 독자마당 p23 게재.

2013. 여름호 수필 「나라를 위한 정오의 기도」 시와 수필사 게재.

2013. 8. 1. 詩 「기장죽성초등학교 영어연극제」 기장사람들(독자마당) 게재.

2013. 8. 28. 송다인 시인 예술인 증명서인증 한국예술인 복지재단.

2013. 10. 10 詩 「독도1」 제3회 대한민국 독도문예대전 입선.

2013. 12. 2. 수필 「풍경」 문학적 감수성 일깨우는 「수필창작」 기장사람들 독자마당 P23 게재.

2013. 12. 3. 한국예술인복지재단 주최, 부산문화재단 주관 (아트 & 퍼스널 브랜딩 과정)수료증, 예술인 취업지원교육 2013-43호(시인 송다인)예술로 배우고 예술로 일하기.

2013. 12. 4. 한국시단 소개(송다인시인) 詩 「청포도」, 시평(황갑윤시인), (일본동아 연합신문 8면 게재).

2013. 11행에 겨울호. 詩 「영도다리, 겨울서정, 도령호수」 p138 계간청옥문학 게재.

2013. 12월. 詩 「고니의 사랑」 P69 「내고향 영도」 P71 문학도시 게재.

2013. 12월호. 詩 「오늘도 우정을 마시다」 P54 연, 월간문학 게재.

2013. 겨울호 수필 「풍경」 P135 시와 수필사 게재.

2014.1. 제13시집 「오늘에 충실하다」 상재. 평론(끝없는 시작, 생의 열기) 임종성 문학박사.

2014. 봄호. 수필 「매실사랑」 P187 시와 수필사 게재.

2014. 봄호. 詩 「당신의 구두」, 「바래봉 철쭉군락지」 P120 계간청옥문학 게재, 수필 「그대에게 가는 디딤돌」 게재.

2014. 가을호 詩 「가을 코스모스」 월간문학 게재.

2014. 3. 16. 제13시집 「오늘에 충실하다」 간행, 도서출판 청옥.

평론 「끝없는 시작과 생의 열기」 임종성문학박사.

2014. 봄호 詩 「철쭉바다」 P170 부산시단 봄호 게재.

2014. 여름호 계간청옥문학 詩 「부딪혀라」, 「깨어 있는 손」 p158 게재.

2014. 여름호 詩 「시를 시 see 하다」 P144 부산시단 여름호 게재.

2014. 여름호 수필 「청년시인과의 만남」 p175 시와수필사 게재.

2014. 7. 7. 한국문화예술위원회
(한국예술인복지재단 약정체결 (창작지원금 선정).

2014. 가을호 詩 「하늘은 내게 또다시」, 「어떤 수세미」
P151 계간 청옥문학 게재.
수필 「청도의 유천에서 다시 만나요」 P203 계간청옥문학 게재.

2014. 가을호 수필 「제자의 꽃바구니」 P139 시와 수필사 게재.

2014. 가을호 詩 「어떤 악수」 P178 부산시단 가을호 게재.

2014. 12월호 詩 「가을 쏘나타」 P66, 「보고싶다」 P67~68
문학도시 게재.

2014. 겨울호 詩 「장산 원각사 시낭송회 날」, 「전남곡성의 아침은」
계간청옥문학 게재.

2014. 12. 6. 제14시집 「민조시 3000수」 상재함 도서출판 청옥.

2014. 겨울호 詩(신안천일염의 눈물) P45 신안군 소식지 게재.

2014. 12. 29 수필(청도유천에서 다시 만나요)
한국도서관협회주최(장려상) 수상

2015년 봄호 초대작가詩 (감지해변몽돌소리아바메들리) P138 시와수필

2015년 봄호 詩(천안의 눈썰매) P183 부산시단 봄호 게재

2015년 2~3월호 수필(내장산 단풍) P163 한국문인 격월간지 게재

2015년 봄호 수필(환생) P200 계간 청옥문학 게재

2015년 5월 제15시집 (영도다리)詩 90편 상재 도서출판 청옥문학.

영도다리

송다인 제15시집

인쇄일 | 2015년 4월 25일
발행일 | 2015년 5월 1일

지은이 | 송다인
펴낸이 | 최경식
펴낸 곳 | 도서출판 청옥문학사
기획인쇄처 | 문화마을

등록번호 제10-11-05호
편집실 | 부산시 동래구 명륜로 203-6
(금강빌딩 B동 2층)
전 화 | 051-517-6068 / 팩스 051-529-6068
E-mail | kyu500@hanmail.net

ISBN 978-89-97805-31-0
값 | 10,000원

잘못 만들어진 책은 본사나 서점에서 바꾸어 드립니다.